商标与商号的权利冲突
法律实务与案例应用

陈明武 著

知识产权出版社
全国百佳图书出版单位
—北京—

图书在版编目（CIP）数据

商标与商号的权利冲突：法律实务与案例应用 / 陈明武著 . — 北京：知识产权出版社，2024.12.
ISBN 978-7-5130-9588-4

Ⅰ . D923.434

中国国家版本馆 CIP 数据核字第 2024JH2203 号

责任编辑：李陵书	责任校对：王　岩
封面设计：研美设计	责任印制：刘译文

商标与商号的权利冲突：法律实务与案例应用

陈明武　著

出版发行：知识产权出版社 有限责任公司	网　　址：http：//www.ipph.cn
社　　址：北京市海淀区气象路 50 号院	邮　　编：100081
责编电话：010-82000860 转 8165	责编邮箱：lilingshu_1985@163.com
发行电话：010-82000860 转 8101/8102	发行传真：010-82000893/82005070/82000270
印　　刷：三河市国英印务有限公司	经　　销：新华书店、各大网上书店及相关专业书店
开　　本：720mm×1000mm　1/16	印　　张：17
版　　次：2024 年 12 月第 1 版	印　　次：2024 年 12 月第 1 次印刷
字　　数：233 千字	定　　价：88.00 元
ISBN 978-7-5130-9588-4	

出版权专有　侵权必究

如有印装质量问题，本社负责调换。

作 者 简 介

陈明武 执业律师、专利代理师

广东广悦律师事务所高级合伙人、专利代理师，担任广东省律师协会商标法律专业委员会委员、广州市律师协会公平贸易法律专业委员会委员、广东知识产权保护协会专家库专家、粤港澳大湾区知识产权调解中心调解员等职务。

著作：《知识产权诉讼管辖指引》《知识产权诉讼管辖指引（第二版）》。

执业领域：知识产权争议解决、企业知识产权咨询及战略管理等法律业务。

编 辑 委 员 会

余裕武　陈明武　方洁萍　张品杏
李佳文　洪　森　黎清锡　马思阳
谢洁盈　伍家泳　沈文慧　陈日英
吴海欣　陈名欣　刘思涵　杨继芳
贺楚翔　刘　冰　夏　熠

鸣谢：为本书作出贡献的全部成员、朋友们

序

律师只会办案就够了吗？

为跑友出书作序，这对我来说，还是第一次。

本书作者陈明武，不仅是一位跑友，而且还是一位法律人跑友。对我这样跑步十年的跑者来说，每次见到跑友感觉就像见到亲人一样。更不用说见到法律人跑友，可以说比亲人还亲。所以，当陈明武律师请我为其新作写序时，我当即表示赞同。

2014年4月，我开始踏上马拉松赛道，从此就与大大小小的马拉松赛事结上了缘，至今跑遍了全国大大小小140多个城市，结交了大大小小的各个年龄段跑友。

陈明武律师就是我结交的小跑友，他是一位"80后"律师，更是一位将办案与跑步完美结合的律师。

本书就是陈明武律师积自己多年办案之经验与研究之心得而推出的新作。

作为第一读者，我在书中读到了关于商标的概念与概述，也读到了关于商标法的内容与内涵，还读到了关于商号的属性与个性，又读到了关于商标权与商号权的权利冲突。最重要的是，我读到了将近100个案例带给我的知识与常识。

可以说，所有这些案例，其实都是有关商标与商号的权利冲突，都是这些权利冲突引发的诉辩争议，都是这些诉辩争议呈现的审理焦点。其中，既有在先商标与在后商标的权利冲突，也有在先商标与在后商号的权利冲突，还有在先商号与在后商标的权利冲突，又有在先商号与在后商号的权利冲突。

作为执业律师，其执业责任就是解决权利冲突。简言之，律师就是通过办案解决难题的人。权利冲突就是各种各样的难题，就是深浅不一的困惑，就是大大小小的麻烦。因为律师的出场，可以变复杂为简单，化腐朽为神奇，挽狂澜于既倒。所以，一个合格的律师一定是一个能办案、会办案、办好案的律师。

据我对陈明武律师的了解，他就是这样一位在商标法律服务方面能办案、会办案、办好案的律师。正如他在跑道上一样，是个能跑步、会跑步、跑好步的。

但是，在我看来，一个优秀律师只会办案还是远远不够的。还应该做什么呢？

对一个律师来说，办案就相当于为当事人释疑解惑与释法说理。接下来，必然上升到传道受业与著书立说的境界了。

我认为，陈明武律师推出的这部新作，展示的以案释法、以案说法、以案普法之价值，可以表明他已经进入传道授业与著书立说的阶段了。

这是一部以案释法的专业之作。

在现实生活中，经常会出现使用无效的商标的情况。此时，作为致力于商标法律服务的专业律师，陈明武律师就会告诉你，这就涉及商标专用权的问题。所谓注册商标的专用权，以核准注册的商标和核定使用的商品为限。使用无效的商标，或超出核定商品的范围，或以改变显著特征、拆分、组合等方式使用在后商标的，即属于不规范使用自有商标的违法情形，当然不属于有效使用自有商标的情形。如该使用的方式与在先商标构成相同或近似的，且足以使相关公众对商品来源产生误认，或者足以使相关公众认为两者之间存有某种特定联系的，则构成商标侵权。使用无效的商标，或超出核定商品的范围或者以改变显著特征、拆分、组合等方式不规范使用在后商标的，可直接通过商标侵权诉讼方式解决。如两者涉及商品或服务不相同或不近似的，需以认定驰名商标为前提。书中列举的百度公司诉亿百度公司、孙某明、名家百度烤肉店等涉及"百度"驰名商标侵权纠纷案，即属于不规范使用构成对驰名商标侵权的裁判案例。

这是一部以案说法的研究之作。

我们耳熟能详的保护在先权利原则，是指在知识产权案件中发生冲突时，要保护在先存在的合法权利，这是知识产权领域纠纷解决的重要原则。权利形成后，即在法律规定的权利范围内享有垄断权或专用权，并排除任何第三方非法使用及侵占。而坚持在先权利原则，是判断侵权对象是否构成侵权的必要条件。当然，受保护的在先权利必须是合法的民事权利，即该商标标识权利没有法律上的瑕疵，否则无法对抗在后的合法权利。权利在先与权利合法乃是保护在先权利的应有之义。侵犯在先权利是判断知识产权权利冲突是否具有违法性的根本标准，或者说是判断违法性的直观的基本法律界限。被控侵权的知识产权只要先于请求保护的知识产权而产生，即使产生市场混淆，也不能认定其构成违法，只能通过承担附加区别性标识的法律负担的方式，解决客观上存在的权利冲突。书中披露的最高人民法院在杭州张小泉剪刀厂诉上海张小泉刀剪总店、上海张小泉刀剪制造有限公司商标侵权及不正当竞争纠纷一案请示报告中的答复，就属于这种情况。考虑到本案纠纷发生的历史情况和行政法规、规章允许企业使用简化名称以及字号的情况，最高人民法院认为，上海张小泉刀剪总店过去在产品上使用"张小泉"或者"上海张小泉"字样的行为不宜被认定为侵犯杭州张小泉剪刀厂的合法权益。

这是一部以案普法的实用之作。

对社会大众来说，一般分不清不同商号之间到底是一种什么法律关系。对此，陈明武律师认为，涉及商号之间不正当竞争的案例争点，其实就是一种在先商号权与在后商号权的权利冲突。这种冲突主要出现在不正当竞争纠纷民事案件中，将有一定影响的在先商号登记为商号开展商业活动的，引他人误认为是已登记商号或与已登记商号存在特定联系的，可通过提起不正当竞争侵权之诉解决纠纷。书中介绍的山东起重机厂诉山起重工公司涉"山起"企业名称侵权纠纷案，就是一个很有普法效果的案例。最高人民法院认为，"山起"是山东起重机厂有一定市场知名度的企业简称，山起重工公司仍然在企业名称中使用"山起"作为字号，足以造成相关公众对两家企业产生误认，构成不正当竞争。

类似这样很有看点与亮点的案例，在书中比比皆是。只要翻开本书，就可以发现，本书确实是一部值得阅读、值得参考、值得借鉴的新书。

作为跑者，我与陈明武律师一样，面对那些有些犹豫的初跑者，我们一般都会告诉他，你只要跑了，就一定知道跑步的好处。同样，作为序者与作者，我与陈明武律师一样，也一定会告诉你，本书你只要读了，就一定知道书中的奇妙。

是以为序。

刘桂明

中国法学会法律文书学研究会副会长

中国民主法制出版社《法治时代》杂志执行总编辑

桂客学院院长

2024年6月1日于北京

序

强化知识产权保护,一直是党中央、国务院重要的决策部署。加强知识产权保护,是完善产权保护制度最重要的内容,也是提高我国经济竞争力的最大激励。广州市律师协会作为律师行业组织,积极响应国家知识产权战略,将知识产权保护工作纳入重要议程。创新是引领发展的第一动力,保护知识产权就是保护创新。广州市律师协会成立至今,一直致力于在政府、司法部门、律所和各企事业单位之间架起一座知识产权保护的沟通桥梁,见证了广东省乃至我国知识产权领域发展趋势的一路向好。取得成果的背后是党和国家的大力支持与指引,协会将继续坚定不移地响应国家号召和社会呼唤,推动知识产权保护工作不断取得新的成效,为构建知识产权强国贡献力量。

作为协会律师成员之一,陈明武律师在知识产权领域辛勤耕耘,积累了较为丰富的知识与办案经验。知识的传递并非一蹴而就的简单任务,需要编者投入大量的时间与精力,进行详尽的资料搜集与细致的整理工作,方能将自己的智慧与理解融入字里行间,为那些渴求知识的人提供宝贵的指引。

在看到陈明武律师编著的《商标与商号的权利冲突:法律实务与案例应用》书稿后,我认为这本书颇为实用。在市场竞争日益激烈的今天,商标与商号的冲突已成为一个不容忽视的问题。本书系统地整理了商标与商号冲突的不同类型,并深入剖析了典型案例的裁决要旨,为各类冲突情形提供了切实可行的法律应对策略,实用性强。

在此我衷心期盼，在知识产权执业领域，能有更多的法律精英秉持"穷则独善其身，达则兼济天下"的崇高精神，将个人或团队的丰富经验进行知识的输出与分享。通过我们共同的努力，推动整个行业不断迈向更高的台阶，实现更为辉煌的成长与进步。

黄山

广州市律师协会会长

2024年3月8日

序

拿到陈明武律师的新作《商标与商号的权利冲突：法律实务与案例应用》书稿，我十分欣喜，更荣幸地接受他的邀请为本书写下几句读后感。

在当今的知识经济时代，知识产权保护与运用对于创新、技术进步与社会经济的可持续发展至关重要。商标与商号的权利冲突是商业活动中常见的法律问题，在法律实务与案例应用视角下介绍与解析两者的冲突关系不仅对商业活动，对知识产权界也具有重要意义。所以读完本书后，我由衷高兴，深感本书有如下三个显著的特点值得推荐：

第一，体系完整、内容全面。整体上，本书以商标与商号的冲突为主线，结构紧凑合理，体例框架完整严谨。在章节的安排上，本书分为上、下两篇，上篇对商标与商号的法律实务、商标与商号权利冲突的类型及处理原则进行了详细的介绍，对于商标与商号权利冲突的每一种类型都进行了具体的分析；下篇则根据每一种冲突类型详细介绍了一系列案例应用，凝练精准地总结了各类型冲突的真实状况。

第二，角度定位精准，论述有理有据。由于知识产权包括著作权、商标权、专利权等，探讨知识产权的相关书籍容易具有视野过于宏大的特点。本书作者从商标与商号的权利冲突这一个商业活动中具有代表性的角度展开，从微处入手，形成足以自洽的逻辑体系，在保持体系化的同时保证了内容的实践性和新颖性，提升了读者的阅读体验，也避免了陷入案例类书籍常见的零散、碎片化的场景中。

第三，实操视角切入，参考价值宝贵。本书将商标与商号的冲突进行了系统的分类，并附有丰富的类型化案例汇编，具有极强的参考性和可操作性，对于商标权利人或相应的业务律师都具有参考价值和指导意义，提供了有益的借鉴和启示，是一本近年来少见的关于处理商标与商号权利冲突问题的工具用书，相信读者们可以从本书获益良多。

知识产权强国建设需要更多的人关注知识产权，进而了解、理解、重视并投入知识产权。唯有如此，才能形成良好的知识产权政策环境、市场环境、文化环境，才能形成充沛的知识产权人才资源，满足知识产权强国建设的需要。本书系统地介绍和解析了商标与商号的权利冲突的法律实务和案例应用，帮助读者深入理解和应用相关法律规定，对实务中处理商标与商号的权利冲突问题具有重要的参考价值，对知识产权的发展具有重要意义。我相信本书无论是对商标权利人、法律服务工作者，还是对普通读者都会有所启发。

李学锋
广东知识产权保护协会会长
2024年3月8日

商海无涯　诚信为舟

"天下熙熙，皆为利来；天下攘攘，皆为利往。"司马迁在《史记·货殖列传》中，一针见血地指出了人类社会生存准则，即以利益（资本）为纽带桥梁，以物质（服务）为交换工具，然后在一定的商业竞争规则（今之谓法律制度）中，有序竞争，和平共处。

商业规则是人类社会最伟大的发明，有了商业规则，人类社会才会最终朝着科技文明、物质文明和精神文明的高度，不断发展。从这种意义上说，商业规则就是人类社会赖以生存和发展的底层逻辑。

人性是自私的。两个自私的人，可能没法单独相处，但是一群自私的人，却可能形成最公平合理的商业规则。这就是人作为高级的、能够独立思考的动物的奇妙之处。因此，我们可以看到，在商业规则里，也就是法律制度里，我们的规则是尽可能公平合理的，不会单独照顾某自然人或者法人的利益。

也基于"人（自然人或者法人，以下均同）都是自私的"这样的基本判断，出于维护竞争优势，或者生存的需要，总会有人想走捷径，蹭热点流量，希望以最快的速度来获得生存或发展的物质财富。在这种情况下，作为分辨法人最有效的手段，知名的商标或商号便往往被盯上，成为被抄袭的对象。没有底线思维的，就直接假冒；有一点风险意识的，就改头换面，打"擦边球"。

中国的市场经济体系建立时间不长，市场主体的商业竞争风险意识还有待加强。因此，关于商标与商号的权利冲突的纠纷就非常多。这种现象不但严重困扰着被假冒或仿冒的对象，也给假冒和仿冒者带来困惑。我们也经常会很困惑地看到，被假冒抄袭的企业经营不善，"泯然众人矣"，而打着"擦边球"起家的企业反而因为经营团队的精心谋划蒸蒸日上。这说明经营一个企业，仅仅有一个知名或者较为知名的商标和商号是不够的，企业家本人及其团队的素质，才是真正决定企业能否成功的关键。

我曾经做过12年的知识产权记者，从业期间也采访了数百个知名案件，其中不乏涉及知名企业的商标与商号权利冲突的案件。这些案件关系复杂，持续时间长，给纠纷中的双方都带来了极大的消耗。有人为此殚精竭虑，有人因此锒铛入狱，有人因此一夜返贫。我曾经将自己写过的这些案例编了一本书，名为《商海金戈——广东知识产权名案新闻实录》，作为对自己这段从业生涯的总结。

商业竞争是复杂的，也不会有一成不变的制度准则，更不会有完美的制度规制。但不能因为制度准则的不完美，我们就忽略制度的文明之美。知识产权制度同样如此。作为从业人员，无论专家学者，还是实务人士，大家一起去探讨研究完善知识产权制度，阐释和普及知识产权制度，就变得非常必要，且具有重大意义。

正因为如此，陈明武律师委托我为其著作《商标与商号的权利冲突：法律实务与案例应用》作序，我欣然应允，就是希望能够鼓励更多类似行为。且商标与商号的权利冲突一直是知识产权的难点问题，现行法律也有需要不断完善和改进之处。本书重点着墨于商标与商号权利冲突规定、侵权表现形式、解决方法等，对从事知识产权领域的专业人士甚至非专业人士或企业管理者，均有较强指引作用。值得推荐。

人总是不满足的，司马迁曾说："夫千乘之王、万家之侯、百室之君，尚犹患贫。"因此，对财富的追求，对商业竞争活动的运行，还是要回归商业竞争的基本逻辑，回归诚实信用原则。这是商海竞争中最值得提倡的原则。假冒者、仿冒者或许有种种身不由己的理由，但其造成的后果是严重的。

我始终将自己定位为知识产权领域的社会交流平台建设者，从事知识产权工作21年来，一直坚持"专业的事情交给专业的人去解决"的原则。所幸，我身边有着陈明武律师为代表的这样一个优秀专业群体，他们总是能够给我，更给知识产权纠纷的当事人，带去专业的解决方案。

跟努力去思考、认真做事情的人一起共事，并一起去推动事业的发展，是一件非常美妙的事情。这是我在知识产权工作中乐此不疲的原因。

愿商海无金戈之声，多诚信之舟。

顾奇志

广东省知识经济发展促进会会长

2024年3月20日 于广州

序

继《知识产权诉讼管辖指引》《知识产权诉讼管辖指引（第二版）》出版后，本书终能定稿、出版，自己十分激动。2024年"一年一本书"的目标提前完成，又不失信于"做一名知识产权法律知识搬运工"角色，也倍感欣慰。

想写一本关于商标与商号的权利冲突专业书的念头，最初源于自己在2015年代理"歌莉娅"商标侵权案件。在该起案件中，我们代理"歌莉娅"品牌的权利方，就被告登记企业字号"歌莉娅"以及突出使用该字号的行为构成商标侵权及不正当竞争提起诉讼，法院最终也支持我们的诉求。后来，我们又陆续代理了"合生元""Swisse""珍珍""玛莉安"等商标品牌涉及商标与商号的权利冲突案件，均取得较好成绩，加速了本书定稿的进程。因此，本书不仅是一本关于知识产权领域法律实务工具书，更是自己对经办案例成果的归纳、升华及沉淀。相比读者，受益更多的反而是我自己。

回归本书主题。商标与商号的权利冲突一直是知识产权领域的难点、热点问题，目前法律规定也尚未十分明确。本书以我国现行有效的法律法规、司法解释及政策意见为基础，通过自己经办的案例以及近十年涉及商标与商号之间权利冲突的司法案例为核心，对两者权利冲突的表现形式进行拆解、提炼、划分成四种冲突类型，逐一对各种冲突类型进行分析，并通过典型案件相互印证。

其中，涉商标与商号的权利冲突主要体现在以下四种情形：

（1）在先商标与在后商标的权利冲突；

（2）在先商标与在后商号的权利冲突；

（3）在先商号与在后商标的权利冲突；

（4）在先商号与在后商号的权利冲突。

  本书分为上、下两篇。其中上篇属于法律实务篇，包括商标与商号的概述、权利冲突类型及处理原则，以及权利冲突的类型化解析。下篇重点筛选司法典型案例，逐一提炼，以提供解决冲突的诉讼方法或策略。

  整体上，本书立足于商标与商号权利冲突规定、侵权表现形式以及解决方法，对于从事知识产权领域的律师或法务专员具有较强指引作用。对于本书存在的诸多不足或表述不当，敬请读者见谅！

陈明武

2024年2月21日

上篇

法律实务篇

第一章
商标与商号的法律实务概述

一、商标的概述　002

二、商标权的保护　010

三、驰名商标的特殊制度及保护　014

四、商号的概述　028

五、商号权益的保护　032

第二章
权利冲突的类型及处理原则

一、权利冲突概述及案件类型划分　036

二、权利冲突的处理原则　043

第三章
权利冲突的类型化解析

一、在先商标与在后商标的权利冲突　053

二、在先商标与在后商号的权利冲突　074

三、在先商号与在后商标的权利冲突　085

四、在先商号与在后商号的权利冲突　092

下篇

案例应用篇

第四章

在先商标与在后商标的权利冲突案例应用

一、"珍珍"商标异议案　098

二、"虎牙直播Huya.com"商标无效宣告行政诉讼案　101

三、"耐克"驰名商标行政诉讼案　105

四、"东鹏"驰名商标行政诉讼案　109

五、"加加"驰名商标行政诉讼案　113

六、"爱慕"商标侵权及不正当竞争诉讼案　117

七、"惠氏"商标侵权及不正当竞争诉讼案　124

八、"安德玛"商标侵权及不正当竞争诉讼案　132

九、"洋河"驰名商标侵权及不正当竞争诉讼案　140

十、"阿里巴巴"驰名商标侵权及不正当竞争诉讼案　146

第五章

在先商标与在后商号的权利冲突案例应用

一、"宝岛"商标侵权诉讼案　154

二、"王将"商标侵权及不正当竞争诉讼案　160

三、"钱柜"商标侵权及不正当竞争诉讼案　167

四、"金牛角王中西"商标侵权及不正当竞争诉讼案　174

五、"天猫"驰名商标侵权及不正当竞争诉讼案　179

　　六、"微信"驰名商标侵权及不正当竞争诉讼案　186

　　七、"三一"驰名商标侵权及不正当竞争诉讼案　195

第六章
在先商号与在后商标的权利冲突案例应用

　　一、"京天红"不正当竞争诉讼案　201

　　二、"红日"商标侵权及不正当竞争诉讼案　211

第七章
在先商号与在后商号的权利冲突案例应用

　　一、"山起"不正当竞争诉讼案　221

　　二、"巨人"商标侵权及不正当竞争诉讼案　225

　　三、"米高梅"不正当竞争诉讼案　233

上篇

法律实务篇

第一章

商标与商号的法律实务概述

一、商标的概述

（一）商标的概念

通俗地说，商标就是商品或服务的标志。商标由文字、图形、颜色组合、声音等或上述要素的组合所构成，是商品或服务的提供者为了将自己的商品或服务与他人提供的相同或类似商品或服务相区别而使用、具有显著特征、便于识别来源的标志。根据《与贸易有关的知识产权协定》第15条第1款的规定，任何标志或者标志组合，只要能区分一企业与其他企业的商品或者服务，就可以作为商标。《商标法》第8条规定："任何能够将自然人、法人或者其他组织的商品与他人的商品区别开的标志，包括文字、图形、字母、数字、三维标志、颜色组合和声音等，以及上述要素的组合，均可以作为商标申请注册。"因此，商标的核心在于识别商品或服务的来源。商标由三大要素构成，包括标志（商标构成的文字、图形等）、对象（商标标示的商品或服务）、来源（区分商品或服务的出处）。其中，标志是商标利益的外在形式及载体，商标最基本的特征是标识性。其次，商标以附着于商品或服务作为对象。最后，表示来源或商誉价值是商标利益的内在基础。因此，商标以区别标志为载体、以附着商品或服务为对象，以表示来源（或商誉）为价值功能，构成商标概念的完整内涵。[1]

如无特别说明，本书所称商标指狭义上的注册商标。

（二）商标的主要功能

商标是商品经济发展的产物，在促进商品生产、交易等方面发挥着重要的制度职能。商标的功能是商标法律制度的重要问题，而商标法存在的目的就是确保商标功能的实现。商标的功能主要包括识别来源、质量保证、广告宣传和商誉积累等方面，从司法实践上看，构成商标侵权的行为往往是因为破坏了商标的主要功能，进而受到商标法约束。

1.识别来源

识别来源是商标的核心功能，也是基本功能。不同经营者在商品或者服务上使用不同的商标，通过商标的识别作用，使得该商标的商品能与特定的经营者联系在一起。通过商标这一媒介，生产经营者创建和积累自己的商业信誉，使商标产生"顾客吸引力"，同时将不同来源的商品或者服务区别开来。[2] 商标的识别来源功能同样是商标法保护的核心。商标通过其独特性使消费者能够识别商品或服务的来源，从而避免混淆或误认。这种识别功能为消费者提供了选择商品时的依据，并保护了生产者和经营者的商誉。

商标的识别来源功能是判决商标是否具有显著特征的重要依据。商标的显著性有高低之分，特别是文字及图形组合商标或指定颜色保护的商

---

1 参见吴汉东：《知识产权法》，法律出版社2021年版，第48页。
2 同上注，第487页。

标，其商标显著性越高，产生识别商品或服务来源的功能越明显。在审查商标是否具有显著特征时，法院会考虑商标整体上是否便于识别商品来源。即使商标中包含描述性元素，如果整体上能够被相关公众识别，则认为其具有显著特征。此外，商标的知名度也是判断其识别功能的一个重要因素。

案例1 "Swisse"驰名商标[1]

"Swisse"品牌（以下简称"Swisse"）于20世纪60年代在澳大利亚创立，是澳洲明星美容营养品品牌，在中国被核准注册商标。该商标设计要点主要由英文文字+图形组合而成，且指定红色+黑色加以保护，整体设计简洁，冲击性强，让人印象深刻。该商标显著性较高，标有该商标的保健营养品流通至中国时，即受到中国消费者的高度认可，甚至成为网红品牌。2022年，该商标被中国法院认定为驰名商标，进一步增加了该商标的显著性。正基于"Swisse"商标显著性强，消费者在看到该商标标识时，立即联想到对应的美容营养品商品，能够快速在同类营养品商品中精确辨别商品来源。同时，正基于商标识别功能作用，如他人擅自使用"Swisse"商标，例如使用在与美容营养品不相同或不类似的奶茶饮品商品上，将极易导致消费者的误认或混淆，从而破坏商标正确识别来源的功能。

商标的使用必须在商业活动中，用于识别商品来源。如果使用的标志不具有区分商品来源的意义，那么该使用行为不构成商标意义上的使用。

同时，与商标的识别来源功能相适应，商标法的首要目标在于确保商标的识别来源功能得到正常实现，以保证消费者能够通过商

---

[1] 参见广州知识产权法院（2021）粤73民初2661号民事判决书。

标识别商品或服务的来源，为自己希望购买的商品或使用的服务而付费，以此降低消费者识别商品或服务来源所需要的信息成本，并促进经营者对质量的保障和展开公平竞争。[1]

2.质量保证

商标在具有识别来源功能的前提下，同时具有彰显对应的商品或服务具有同一质量或品质的功能，从而使得商标成为商品品质的代名词。商标具有质量保证功能，并不意味着商品或服务的"高"质量，仅仅表明在该商标下所供应的商品或服务的质量水平将保持一致。[2]当然，商标具有质量保证功能，会促使商品或服务经营者努力提高商品或服务的品质质量，以吸引更多的消费者，维持商标在顾客心中的信誉，使自己的产品或服务能够扩大影响力。

商标的质量保证功能是基于商标的基本功能——识别来源功能的延伸。商标不仅能够帮助消费者识别商品的来源，还能够作为商品质量的一种非正式保证。这种保证并非法律义务，而是市场机制下的一种自然结果。

事实上，商标的质量保证功能并非商标使用人依法承担的义务，而是企业由于使用商标而获得的激励。商标最初用于标示商品或服务来源，但其表明特定厂家质量水平的功能逐渐突出。商标的质量保证功能是商标制度正常运行的结果，目的在于告诫企业使用同一商标的商品应当质量相同，以及告知消费者，拥有相同质量的商品在使用同一商标时，商品来源是可靠的。

---

[1] 参见王迁：《知识产权法教程（第七版）》，中国人民大学出版社2021年版，第489页。

[2] 参见王太平、姚鹤徽：《商标法》，中国人民大学出版社2020年版，第12页。

案例2 "合生元"驰名商标[1]

"**合生元®**"是全球高端营养和健康产业的领导者品牌，旗下婴幼儿奶粉、母婴营养食品在市场上具有较高知名度，该商标最早于2006年被认定为驰名商标。对于"合生元"品牌方而言，该商标的品质保证功能使得商标权人严格控制商品品质，包括但不限于在原料配方、生产工艺等方面进行控制。同时，商标权人通过采取各种措施来保证使用相同"合生元"商标的商品达到预期的质量和品质标准。而对于消费者而言，基于"合生元"商标品牌知名度及长期积累的良好商誉，消费者购买的产品客观上具有相同的品质，从而减少因产品质量不一致带来的负面风险和困扰。相反，如侵权方未经许可，擅自在婴幼儿奶粉、母婴营养食品上使用该"合生元"商标，生产质量不高的侵权产品，不仅会严重破坏"合生元"商标品牌长年积累的良好声誉及质量保证功能，而且会严重降低消费者对"合生元"商标品牌对应的良好商品品质的评价。

基于质量保证功能的要求，商标使用人为了维护其商标的声誉，会努力保证使用同一商标的商品质量相同。这种努力是为了保持市场竞争地位，吸引并保持消费者的忠诚度。因此，商标的质量保证功能实际上是企业为了维护自身商标在消费者心目中的信誉而自我激励的结果，不仅有助于保护消费者的利益，也有助于维护市场秩序和促进公平竞争。

3.广告宣传

商标的广告宣传功能主要指的是商标在市场上的宣传作用，在帮助

---

[1] 参见广州市越秀区人民法院（2021）粤0104民初8264、8266、8268、8270号民事判决书。

消费者识别商品或服务来源的同时，也是商标使用人宣传品牌的工具。广告宣传功能是商标的识别来源功能和质量保证功能的自然延伸，是市场规模扩大的自然结果。商标不仅是商誉的符号，而且常常是商誉创造的最有效的代理人。也就是说，商标事实上能产生帮助销售商品的广告效果。同时，商标具有的识别来源功能也使得商标客观上成为营销工具及销售手段，有了商标，商标权人很容易利用商标进行广告宣传，以广告宣传作为手段，打开市场，扩大销路。

商标的广告宣传内容主要体现在，根据《商标法》第48条的规定，商标的使用是指将商标用于商品、商品包装或容器以及商品交易文书上，或者用于广告宣传、展览以及其他商业活动中，用于识别商品来源的行为。通过该条款的规定，商标的使用不仅限于商品本身，也包括在广告宣传中的使用，这是商标广告宣传功能的体现。

案例3 "王老吉"VS"加多宝"系列案[1]

"怕上火，喝王老吉"，这句广告语被广为传播，让消费者印象深刻。

提起凉茶，"王老吉"可谓家喻户晓，其销量曾一度超越可口可乐。早在2002年，为了突破红罐王老吉的销售瓶颈，王老吉推出"怕上火，喝王老吉"的广告语，让消费者快速将上火和王老吉凉茶明确地联系在一起，使得王老吉凉茶火遍全国。自2012年开始，王老吉与加多宝的商标之争便产生，而且还将纠纷转移至广告宣传上，涉及广告宣传词包括"全国销量领先的红罐凉茶改名加多宝""中国每卖10罐凉茶7罐加多宝"等。2017年8月，最高人民法院终审认定广药集团与加多宝公司共同享有红罐王老吉凉茶包装装

---

[1] 参见最高人民法院（2015）民三终字第3号民事判决书。

潢,"王老吉与加多宝之争"最终落幕。

在这场"王老吉与加多宝之争"中,无不体现出商标固有的广告宣传功能以及潜在的商业价值。商标的广告宣传功能是商标的重要作用之一,商标的使用不仅限于商品、商品包装或者容器以及商品交易文书,也包括将商标用于广告宣传、展览以及其他商业活动中。这些使用方式都是商标广告宣传功能的体现,能够帮助商标在市场中建立起独特的品牌形象,增强消费者对商品或服务的认知,从而促进商标品牌的长期发展。

4.商誉积累

商标与商誉紧密相关,商誉是企业通过长期的实际经营活动,在消费者心中积累起来的良好声誉,商标是商誉的重要载体。一方面,商标是体现商誉的客观标志。没有商标发挥的识别功能,购买者就很难再次购买他们已经使用和喜欢的产品,且购买者正因为肯定商标对应商品的质量才会继续选购。另一方面,商标是企业商誉的载体和工具,没有了商标,企业的商誉将无处附着,从而也就难以建立。基于对良好商誉的追求,商标的使用者通过不断的经营活动和信息传播,逐步使得商标在消费者心中形成一种正面的评价。同时,商标的知名度和商誉的积累是一个渐进的过程,商标的经济价值很大程度上取决于其所承载的商誉。

同时,商标的社会功能表明商标特别是知名品牌已经成为生产经营者的战略资源和核心竞争力。在现代市场中,消费者的消费已经由商品消费转向品牌消费,在相同质量和技术含量的情况下,商标的声誉成为影响消费者购买动机的决定性因素。因此,提高商标的知名度、美誉度和忠诚度,是塑造企业核心竞争力的重要途径。而商标法律制度通过鼓励诚实经营商家的努力,制裁无良商家的假冒行为,既维护了公平竞争秩序,又保护了消费者的合法权益。[1]

案例4 "威极"酱油案[2]

> 海天公司是专业调味品生产企业，已有300多年的经营历史，在酱油类别商品上注册及使用"威极"商标，在市场上具有较高知名度及美誉度。
>
> 2012年5月，一则"某大型企业使用致癌工业盐造上万箱酱油"的新闻报道在社会上疯传，使得媒体和公众的目光迅速聚焦到海天公司"威极"酱油，致使海天公司"威极"商标商誉和销量急剧下滑，陷入危机当中。事后，经调查核实，该大型企业指向于威极公司。佛山市中级人民法院审理认为，该负面报道所涉及的主体为威极公司。威极公司在酱油产品及商业广告上突出使用"威极"，使得社会公众误认为威极公司生产的"威极"酱油来源于海天公司，客观上导致海天公司长年辛苦积累的商誉受损严重，致使产品销售严重受阻。最终，法院基于海天公司及"威极"商标商誉受损情况，判决威极公司停止使用"威极"字号、登报道歉以消除影响以及经济赔偿655万元。

商标商誉是商标的附加价值，是商标通过商业使用在公众中建立起的知名度和美誉度，对品牌的市场竞争力有重要影响。同时，商标的声誉积累也是企业营销策略的一部分，商标的知名度可以通过广告宣传、市场推广等方式加以提升。

---

1 参见吴汉东：《知识产权法》，法律出版社2021年版，第488页。
2 参见佛山市中级人民法院（2012）佛中法知民初字第352号民事判决书。

二、商标权的保护

商标权是商标法的核心概念，甚至商标法的基本任务就是确认及保护商标权。[1]作为知识产权类型之一，商标权是直接支配于商标而享有排他性的知识产权，类似于所有权，包括对注册商标的占有、使用、收益和处分的权利。[2]

关于商标权的法律规定，可见于《民法典》及《商标法》。《民法典》第123条第1款规定了民事主体依法享有知识产权。知识产权是权利人依法就规定的客体享有的专有的权利，而其中客体就包括商标。根据《商标法》第3条第1款的规定，经商标局核准注册的商标为注册商标，包括商品商标、服务商标和集体商标、证明商标；商标注册人享有商标专用权，受法律保护。

《商标法》规定商标权适用注册在先原则，即先申请并获得注册的人拥有商标权。在特殊情况下，可适用在先使用原则，即未注册的商标通过使用并具有一定的市场知名度，可以作为未注册商标予以特殊保护。同时，在司法实践中，商标权可分为商标专用权（使用权）和商标禁止权。

（一）商标专用权

商标专用权是指商标注册人依法对其注册商标的支配权，独占性使用

---

[1] 参见吴汉东：《知识产权法》，法律出版社2021年版，第537页。
[2] 参见刘春田：《知识产权法（第六版）》，中国人民大学出版社2022年版，第281页。

其注册商标的权利。同时，商标专用权是商标权的核心内容，对于注册商标而言，商标专用权的范围以核准注册的商标和核定使用的商品或服务为限，即商标权人只在核准注册的商标和核定使用的商品或服务范围之内享有商标专用权。

关于商标专用权的法律规定，可见于《商标法》第56条及第57条规定。第56条规定了注册商标的专用权，以核准注册的商标和核定使用的商品为限；第57条规定了侵犯注册商标专用权之行为。

因此，商标专用权的范围以核准注册的商标和核定使用的商品或服务为限。相反，如不规范使用自有商标，包括改变商标图样、超出核定使用的商品或服务范围等情形，将不属于自有商标专用权的保护范围，甚至有可能落入他人商标专用权的保护范围，构成商标侵权。

案例5 "五粮液"商标案[1]

权利人五粮液公司在先核准注册"五粮液""五粮液及图"等商标，且该等商标在酒类商品上具有较高市场知名度。侵权方滨河公司同样在酒类核准注册商标"滨河九粮液"，但在生产白酒商品上不规范使用该自有商标，故意缩小"滨河"二字，放大"九粮液"三字。

最高人民法院再审认为，滨河公司实际使用的侵权标志与其获得注册商标专用权的商标标志并不相同，构成不规范使用自有商标的违法情形，且易使相关公众对商品的来源产生混淆误认或者认为其与五粮液公司之间存在关联关系，侵犯了五粮液公司"五粮液"商标专用权，需停止侵权及进行经济赔偿。

---

1 参见最高人民法院（2017）最高法民再234号民事判决书。

（二）商标禁止权

商标禁止权是指商标权人禁止他人使用与注册商标相冲突的商标的权利。使用与注册商标相冲突的商标，不仅包括《商标法》第57条第2项规定的使用与注册商标近似具有混淆可能性的标志，还包括《商标法》《商标法实施条例》或司法解释规定的虽不构成商标使用但可能损害商标专用权的行为，例如《商标法》第57条第4项至第6项规定的各种视为侵犯商标专用权的行为以及《商标法实施条例》第76条规定的侵权行为。[1]

其中，《商标法》第57条规定：“有下列行为之一的，均属侵犯注册商标专用权……（二）未经商标注册人的许可，在同一种商品上使用与其注册商标近似的商标，或者在类似商品上使用与其注册商标相同或者近似的商标，容易导致混淆的；（三）销售侵犯注册商标专用权的商品的；（四）伪造、擅自制造他人注册商标标识或者销售伪造、擅自制造的注册商标标识的；（五）未经商标注册人同意，更换其注册商标并将该更换商标的商品又投入市场的；（六）故意为侵犯他人商标专用权行为提供便利条件，帮助他人实施侵犯商标专用权行为的；（七）给他人的注册商标专用权造成其他损害的。”《商标法实施条例》第76条规定：“在同一种商品或者类似商品上将与他人注册商标相同或者近似的标志作为商品名称或者商品装潢使用，误导公众的，属于商标法第五十七条第二项规定的侵犯注册商标专用权的行为。”《最高人民法院关于审理商标民事纠纷案件适用法律若干问题的解释》（以下简称《商标纠纷解释》）第1条规定：“下列行为属于商标法第五十七条第（七）项规定的给他人注册商标专用权造成其他损害的行为：（一）将与他人注册商标相同或者相近似的文字作为企业的字号在相同或者类似商品上突出使用，容易使相关公众产生误认

---

[1] 参见王太平、姚鹤徽：《商标法》，中国人民大学出版社2020年版，第88页。

的；（二）复制、摹仿、翻译他人注册的驰名商标或其主要部分在不相同或者不相类似商品上作为商标使用，误导公众，致使该驰名商标注册人的利益可能受到损害的；（三）将与他人注册商标相同或者相近似的文字注册为域名，并且通过该域名进行相关商品交易的电子商务，容易使相关公众产生误认的。"

案例6 "长城"诉"嘉裕长城"商标案[1]

权利人中粮公司在葡萄酒等商品在先核准"Greatwall"（长城牌）商标，该商标在市场上具有较高知名度。侵权方开心公司在葡萄酒等商品上在后注册"嘉裕长城及图"商标，并将该商标许可给嘉裕公司使用。嘉裕公司随后便委托洪胜公司等生产加工含有被诉侵权标识"嘉裕长城及图"葡萄酒。中粮公司遂以嘉裕公司、开心公司等侵害其商标专用权为由诉至法院。

最高人民法院再审认为，中粮公司"长城牌"商标属于驰名商标，被诉侵权标识"嘉裕长城及图"虽由文字和图形组合而成，但在葡萄酒市场上，相关公众极易对使用含有"长城"文字的"嘉裕长城及图"商标的葡萄酒产品与中粮公司的"长城牌"葡萄酒产品产生混淆，或者至少容易认为两者在来源上具有特定的联系。据此，法院认定嘉裕公司使用的被诉侵权标识"嘉裕长城及图"商标与中粮公司"长城牌"注册商标构成商标近似。

---

[1] 参见最高人民法院（2005）民三终字第5号民事判决书。

三、驰名商标的特殊制度及保护

（一）驰名商标的基本概念

驰名商标是指为相关公众所熟知的商标。驰名商标的概念最早出现在1883年签订的《保护工业产权巴黎公约》（以下简称《巴黎公约》）中，而在中国，这一概念是在2001年修改《商标法》时引入的，具体详见《商标法》（2001年修正）第13条、《最高人民法院关于审理涉及驰名商标保护的民事纠纷案件应用法律若干问题的解释》（以下简称《驰名商标保护解释》）第1条以及《驰名商标认定和保护规定》第2条的规定。《商标法》第13条第1款规定："为相关公众所熟知的商标，持有人认为其权利受到侵害时，可以依照本法规定请求驰名商标保护。"《驰名商标保护解释》第1条规定："本解释所称驰名商标，是指在中国境内为相关公众所熟知的商标。"另外，《驰名商标认定和保护规定》第2条规定："驰名商标是在中国为相关公众所熟知的商标。相关公众包括与使用商标所标示的某类商品或者服务有关的消费者，生产前述商品或者提供服务的其他经营者以及经销渠道中所涉及的销售者和相关人员等。"

相对于一般注册商标而言，驰名商标的保护具有一定的特殊性。驰名商标认定的考虑因素主要包括：相关公众对该商标的知晓程度，商标使用的持续时间，商标宣传工作的持续时间、程度和地理范围，商标作为驰名商标受保护的记录，以及其他相关因素。同时，构成要件重点包括两点：一是在空间范围上，商标使用的区域必须发生在中国区域内；二是在深度及广度的影响力范围上，必须为中国区域内的相关公众所熟知，即公众的认知从"知晓"到"熟知"的深度。

另外，根据《商标法》第13条的规定，驰名商标包括已在中国注册的驰名商标和未在中国注册的驰名商标。对于已在中国注册的驰名商标，其保护范围扩大至不相同或者不相类似的商品；对于未在中国注册的驰名商标，其保护范围限定在相同或类似的商品上。

案例7 "百度"驰名商标案[1]

> 权利人百度公司成立于2000年，企业业务范围包括开发、生产计算机软件等。第1579950号"百度"商标由百度公司在计算机信息网络方式提供技术研究信息等服务上申请注册，经长期商业使用，在行业内具有较高的知名度。侵权方亿百度公司成立于2009年，经营餐饮行业，通过自营以及授权他人经营"百度"烤肉店。
>
> 深圳市中级人民法院审理认为，百度公司"百度"商标经长期使用，属于中国境内相关公众广为知晓的驰名商标。亿百度公司在店铺上突出使用"百度"字样，主观上具有攀附百度公司"百度"商标的商誉以及"搭便车"的故意，客观上容易导致混淆，误导公众，构成对百度公司"百度"驰名商标专用权的侵犯。

（二）驰名商标认定的基本原则

在司法实践中，驰名商标的认定具有十分严格的认定标准以及需要遵循的基本原则。2009年3月23日最高人民法院印发的《关于贯彻实施国家知识产权战略若干问题的意见》第10条规定："正确把握驰名商标司法认定和保护的法律定位，坚持事实认定、个案认定、被动认定、因需认定等司法原则，依法慎重认定驰名商标，合理适度确定驰名商标跨类保护范围，

---

[1] 参见深圳市中级人民法院（2013）深中法知民初字第348号民事判决书。

强化有关案件的审判监督和业务指导"。从此，事实认定、个案认定、被动认定和因需认定成为驰名商标认定的基本原则。[1]

1. 事实认定原则

事实认定原则是指驰名商标认定是一种对商标构成驰名事实的认定，重点强调驰名商标是一种事实状态，而不是一种身份或荣誉。这使得驰名商标认定的意义在于让驰名商标回归正常的商品经营所需，而非作为一种品牌或身份象征。

同时，驰名商标的认定仅作为案件事实和判决理由，不写入判决主文。《商标法》第14条规定："驰名商标应当根据当事人的请求，作为处理涉及商标案件需要认定的事实进行认定。"《驰名商标保护解释》第13条规定："在涉及驰名商标保护的民事纠纷案件中，人民法院对于商标驰名的认定，仅作为案件事实和判决理由，不写入判决主文；以调解方式审结的，在调解书中对商标驰名的事实不予认定。"

案例8 "阿里巴巴"驰名商标案[2]

> 权利人阿里巴巴集团在行业具有极高知名度，甚至享誉全国乃至全球。第3068446号"阿里巴巴"商标由阿里巴巴集团在先核准注册，核定在第35类数据通讯网络上的在线广告等服务上使用。侵权方金杰公司未经许可，擅自在生产、销售化妆品上突出使用被诉侵权标识"阿里云""阿里云美丽小铺"。阿里巴巴集团向杭州市中级人民法院提起商标侵权诉讼，在诉讼请求中明确请求认定"阿里巴巴"商标为驰名商标。

---

1 参见王太平、姚鹤徽：《商标法》，中国人民大学出版社2020年版，第194页。
2 参见杭州市中级人民法院（2019）浙01民初4430号民事判决书。

法院经审理认为，权利人阿里巴巴集团的"阿里巴巴"商标为相关公众所熟知，可依法认定为驰名商标，给予特别保护。侵权方金杰公司在其生产、销售的化妆品上突出使用被诉标识"阿里云""阿里云美丽小铺"的行为构成对"阿里巴巴"驰名商标专用权的侵犯。但在最终判决主文中未有"阿里巴巴"商标构成驰名商标的文字表述，仅判令侵权方金杰公司停止侵犯阿里巴巴集团"阿里巴巴"商标专用权。

2.个案认定原则

个案认定原则是指驰名商标认定仅在个案中进行，且仅在个案中产生效力，即使在前已有驰名商标认定的记录，仍需在新案中重新进行驰名商标认定。同时，请求驰名商标保护的当事人不能单独申请对驰名商标进行认定，而必须依托具体的商标案件。《驰名商标认定和保护规定》第4条规定："驰名商标认定遵循个案认定、被动保护的原则。"《驰名商标保护解释》第7条规定："被诉侵犯商标权或者不正当竞争行为发生前，曾被人民法院或者行政管理部门认定驰名的商标，被告对该商标驰名的事实不持异议的，人民法院应当予以认定。被告提出异议的，原告仍应当对该商标驰名的事实负举证责任。"

案例9 "百岁山"驰名商标案[1]

权利人景田公司第3407468号"百岁山"商标于2002年核准注册，商标核定使用在第32类矿泉水、蒸馏水、汽水等商品上。自2014年开始，"百岁山"商标在多起商标无效宣告、民事诉讼程序中曾被认定为驰名商标，包括广州市中级人民法院于2013年认定其

---

[1] 参见北京市高级人民法院（2022）京民终277号民事判决书。

为驰名商标,北京市高级人民法院于2015年和2018年在多起案件均认定其为驰名商标。

侵权方百润公司于2019年在"正山小种红茶""普洱大红袍单丛红茶"等茶叶商品上突出使用了"百岁山"标识,通过官方网站推广宣传该茶叶商品。

北京市高级人民法院审理认为,景田公司使用"百岁山"商标相关产品的销售量较大且销售范围广泛,在案证据可以证明"百岁山"商标在相关公众中的知晓度较高,依法可以重新认定"百岁山"商标为相关公众所熟知的驰名商标。百润公司在不相同或不近似的商品上使用被诉侵权标识"百岁山",足以使相关公众对商品的来源产生误认,或者认为两者存在特定联系,侵犯了景田公司"百岁山"驰名商标专用权。

3. 被动认定原则

被动认定原则是指驰名商标认定要应当事人的申请或请求进行。只有当事人在商标争议中主张驰名商标保护,并以此为事实依据时,人民法院或相关行政机关才会对所涉商标是否驰名进行认定。没有当事人的申请或请求,行政机关或司法机关不得擅自主动进行驰名商标认定。这一原则体现了对法院中立裁判职权的尊重,符合"不告不理"原则,尊重当事人在私法上的意思自治。《商标法》第14条规定:"驰名商标应当根据当事人的请求,作为处理涉及商标案件需要认定的事实进行认定。"《驰名商标认定和保护规定》第3条规定:"商标局、商标评审委员会根据当事人请求和审查、处理案件的需要,负责在商标注册审查、商标争议处理和工商行政管理部门查处商标违法案件过程中认定和保护驰名商标。"

此外,被动认定原则也意味着,即使在案证据已经能够充分证明该商标已经驰名,行政机关或法院也不会主动进行驰名商标的认定,除非当事人提出了相关请求。这一原则有助于避免行政机关或法院超越其职权范围，不适宜地介入市场竞争领域。

案例10 "怡宝"驰名商标案[1]

> 权利人华润公司是国内生产包装饮用水的知名企业，在先注册及使用第1789131号"怡宝"商标和第1794139号"Cestbon"商标，该两商标均核定使用在第32类饮用水等商品上。侵权方怡宝公司是生产、销售日化产品的企业，未经许可，擅自通过网络、经营场所及其他商业活动突出使用被诉标识"怡宝""C'estbon"，用以宣传、推广其生产的化妆品。
>
> 权利人华润公司以被诉侵权化妆品与权利商标核准饮用水属于不相同或不相类似的商品，主张权利商标"怡宝""Cestbon"在第32类饮用水商品构成驰名商标，予以跨类保护。上海市高级人民法院终审认为，因权利人华润公司两权利商标核准商品与被诉侵权行为对应产品属不相同或不相类似的商品，本案有必要对涉案两权利商标是否构成驰名商标予以认定。在案证据显示，华润公司两权利商标在2013年已为中国境内的相关公众所熟知的驰名商标，直至怡宝公司的侵权行为之日，两权利商标一直处于持续使用状态，仍属于驰名商标。

4.因需认定原则

因需认定原则是指驰名商标认定需要因商标审查、评审和司法保护中处理商标纠纷的需要才予以认定，且只有在案件处理中确有必要时才对商标是否驰名进行认定。驰名商标的认定需遵循按需认定原则，这意味着

---

[1] 参见上海市高级人民法院（2022）沪民终73号民事判决书。

不是所有商标案件都需要进行驰名商标的认定。只有在案件处理中确有必要，即当事人的权利无法通过《商标法》其他条款得到保护，或者系争商标的注册使用可能导致混淆或误导公众，从而可能损害当事人利益时，才会对商标是否驰名进行认定。《商标法》第13条规定："为相关公众所熟知的商标，持有人认为其权利受到侵害时，可以依照本法规定请求驰名商标保护。就相同或者类似商品申请注册的商标是复制、摹仿或者翻译他人未在中国注册的驰名商标，容易导致混淆的，不予注册并禁止使用。就不相同或者不相类似商品申请注册的商标是复制、摹仿或者翻译他人已经在中国注册的驰名商标，误导公众，致使该驰名商标注册人的利益可能受到损害的，不予注册并禁止使用。"《驰名商标保护解释》第2条规定："在下列民事纠纷案件中，当事人以商标驰名作为事实根据，人民法院根据案件具体情况，认为确有必要的，对所涉商标是否驰名作出认定：（一）以违反商标法第十三条的规定为由，提起的侵犯商标权诉讼；（二）以企业名称与其驰名商标相同或者近似为由，提起的侵犯商标权或者不正当竞争诉讼；（三）符合本解释第六条规定的抗辩或者反诉的诉讼。"

案例11 "巨人"商标案[1]

> 权利人巨人公司分别于2009年和2015年在第41类组织表演、组织教育或娱乐竞赛等服务上核准注册第5431856号和第13121387号"巨人"商标。侵权方巨商公司于2015年成立，业务经营范围包括节能环保科技、生产空气净化设备等，且在经营活动以及对外宣传中大量突出使用"巨人""巨人集团"等被诉标识。因权利商标"巨人"核准服务与被诉侵权行为对应产品属不相同或不近似，权利人巨人公司在诉讼中明确请求法院认定"巨人"商标为驰名商标。

---

[1] 参见上海市高级人民法院（2020）沪民终538号民事判决书。

法院审理认为，权利人巨人公司在本案中提供的证据虽能证明"巨人"注册商标经使用和宣传，在游戏行业有较高知名度。因该知名度仅限于核定使用的服务范围本身，该商标核定使用的服务与被诉侵权商品之间的相关公众或者消费者存在明显差异。而且"巨人"一词是通用词汇，显著性并不高，现有证据不足以证明权利商标"巨人"已经具备认定为驰名商标的条件，最终驳回认定"巨人"为驰名商标的请求。

（三）驰名商标认定机构及保护模式

根据《商标法》第14条的规定，驰名商标应当根据当事人的请求，作为处理涉及商标案件需要认定的事实进行认定。驰名商标认定环节主要包括如下三点：

（1）在商标注册审查、工商行政管理部门查处商标违法案件过程中，当事人依照《商标法》第13条规定主张驰名商标权利的，商标局根据审查、处理案件的需要，可以对商标驰名情况作出认定；

（2）在商标争议处理过程中，当事人依照《商标法》第13条规定主张驰名商标权利的，商标评审委员会根据处理案件的需要，可以对商标驰名情况作出认定；

（3）在商标民事、行政案件审理过程中，当事人依照《商标法》第13条规定主张驰名商标权利的，最高人民法院指定的人民法院根据审理案件的需要，可以对商标驰名情况作出认定。

同时，驰名商标的认定需分别考虑的因素包括：（1）相关公众对该商标的知晓程度；（2）该商标使用的持续时间；（3）该商标的任何宣传工作的持续时间、程度和地理范围；（4）该商标作为驰名商标受保护的记录；（5）该商标驰名的其他因素。

1. 商标局、商标评审委员会的行政授权或确权的认定

在商标注册审查、商标异议或商标无效宣告等商标行政授权或确权处理过程中，商标持有人请求驰名商标保护的，由商标局、商标评审委员会根据案件审查的需要以及当事人提交的证据材料，对其商标是否驰名作出认定。

《最高人民法院关于审理商标授权确权行政案件若干问题的规定》（以下简称《商标授权规定》）第12条规定："当事人依据商标法第十三条第二款主张诉争商标构成对其未注册的驰名商标的复制、摹仿或者翻译而不应予以注册或者应予无效的，人民法院应当综合考量如下因素以及因素之间的相互影响，认定是否容易导致混淆……"第13条规定："当事人依据商标法第十三条第三款主张诉争商标构成对其已注册的驰名商标的复制、摹仿或者翻译而不应予以注册或者应予无效的，人民法院应当综合考虑如下因素，以认定诉争商标的使用是否足以使相关公众认为其与驰名商标具有相当程度的联系，从而误导公众，致使驰名商标注册人的利益可能受到损害……"

《驰名商标认定和保护规定》第3条规定："商标局、商标评审委员会根据当事人请求和审查、处理案件的需要，负责在商标注册审查、商标争议处理和工商行政管理部门查处商标违法案件过程中认定和保护驰名商标。"第5条规定："当事人依照商标法第三十三条规定向商标局提出异议，并依照商标法第十三条规定请求驰名商标保护的，可以向商标局提出驰名商标保护的书面请求并提交其商标构成驰名商标的证据材料。"第6条规定："当事人在商标不予注册复审案件和请求无效宣告案件中，依照商标法第十三条规定请求驰名商标保护的，可以向商标评审委员会提出驰名商标保护的书面请求并提交其商标构成驰名商标的证据材料。"

案例12 "舒肤佳"驰名商标案[1]

权利人宝洁公司于1993年5月在第3类肥皂、香水等商品上申请注册了第713558号"舒肤佳"商标。侵权方某针纺制品公司于2010年9月在第24类纺织品毛巾、浴巾商品上申请注册了诉争商标第8689072号"舒肤佳"商标。权利人宝洁公司遂于2018年1月针对诉争商标向国家知识产权局提出无效宣告请求。

国家知识产权局裁定，诉争商标的申请注册构成对权利人宝洁公司第713558号"舒肤佳"驰名商标的复制、摹仿，对诉争商标予以无效宣告，后北京知识产权法院在行政诉讼中也同样认可该事实，并判决驳回侵权方某针纺制品公司的诉讼请求，维持对诉争商标予以无效宣告的裁定。

2.商标行政查处的行政认定

工商行政管理部门在商标行政查处案件中，需要以驰名商标认定作为侵权基础的，可层报到商标局进行最终认定。

《商标法实施条例》第72条规定："商标持有人依照商标法第十三条规定请求驰名商标保护的，可以向工商行政管理部门提出请求。经商标局依照商标法第十四条规定认定为驰名商标的，由工商行政管理部门责令停止违反商标法第十三条规定使用商标的行为，收缴、销毁违法使用的商标标识；商标标识与商品难以分离的，一并收缴、销毁。"

《驰名商标认定和保护规定》第7条规定："涉及驰名商标保护的商标违法案件由市（地、州）级以上工商行政管理部门管辖。当事人请求工商行政管理部门查处商标违法行为，并依照商标法第十三条规定请求驰名商标保护的，可以向违法行为发生地的市（地、州）级以上工商行政管理

---

[1] 参见北京知识产权法院（2019）京73行初8917号行政判决书。

部门进行投诉，并提出驰名商标保护的书面请求，提交证明其商标构成驰名商标的证据材料。"第11条规定："当事人依照本规定第七条规定请求工商行政管理部门查处商标违法行为的，工商行政管理部门应当对投诉材料予以核查，依照《工商行政管理机关行政处罚程序规定》的有关规定决定是否立案。决定立案的，工商行政管理部门应当对当事人提交的驰名商标保护请求及相关证据材料是否符合商标法第十三条、第十四条、实施条例第三条和本规定第九条规定进行初步核实和审查。经初步核查符合规定的，应当自立案之日起三十日内将驰名商标认定请示、案件材料副本一并报送上级工商行政管理部门。经审查不符合规定的，应当依照《工商行政管理机关行政处罚程序规定》的规定及时作出处理。"第12条规定："省（自治区、直辖市）工商行政管理部门应当对本辖区内市（地、州）级工商行政管理部门报送的驰名商标认定相关材料是否符合商标法第十三条、第十四条、实施条例第三条和本规定第九条规定进行核实和审查。经核查符合规定的，应当自收到驰名商标认定相关材料之日起三十日内，将驰名商标认定请示、案件材料副本一并报送商标局。经审查不符合规定的，应当将有关材料退回原立案机关，由其依照《工商行政管理机关行政处罚程序规定》的规定及时作出处理。"

案例13 "华昊"驰名商标行政查处案[1]

权利人华昊无纺布公司于2010年核准注册第6864591号"华昊"商标，商标核准在第24类无纺布等商品上，该"华昊"商标经长期商业使用，在市场上具有较高知名度。2021年3月，权利人华昊无纺布公司向浙江省温州市市场监督管理局申请投诉，请求认定其注册

---

[1] 参见浙江省温州市市场监督管理局温市监处罚〔2021〕276号行政处罚决定书，该案例系国家知识产权局发布的2021年度知识产权行政保护典型案例。

在无纺布等商品上"华昊"商标为驰名商标，禁止侵权方优贝格无纺布公司在缠裹塑料膜商品上使用"华昊"商标。

温州市市场监督管理局经初步核实和审查，认为双方商品在类别上属不相同或不近似，但重合度较高，关联性较强，且权利人华昊无纺布公司的"华昊"商标在相关公众中具有较高知名度，逐层报请国家知识产权局对权利商标"华昊"商标是否属于驰名商标作出认定。国家知识产权局经审理认为，本案可以认定权利人华昊无纺布公司的"华昊"商标为驰名商标予以扩大保护。温州市市场监督管理局依据国家知识产权局该决定，遂对侵权方优贝格无纺布公司作出责令停止使用侵权标识"华昊"商标的行政处罚。

3.人民法院的司法认定

在商标民事诉讼、行政诉讼案件审理过程中，商标持有人主张驰名商标保护的，由最高人民法院指定的人民法院根据审理案件的需要，对其商标驰名情况作出认定。

在商标民事诉讼案件中，涉及商标侵权及不正当竞争事由的，符合驰名商标认定条件的，当事人可在诉讼中请求法院予以认定。《驰名商标保护解释》第2条规定："在下列民事纠纷案件中，当事人以商标驰名作为事实根据，人民法院根据案件具体情况，认为确有必要的，对所涉商标是否驰名作出认定：（一）以违反商标法第十三条的规定为由，提起的侵犯商标权诉讼；（二）以企业名称与其驰名商标相同或者近似为由，提起的侵犯商标权或者不正当竞争诉讼；（三）符合本解释第六条规定的抗辩或者反诉的诉讼。"

案例14 "Swisse"驰名商标案[1]

权利人健合中国公司"Swisse"品牌（以下简称"Swisse"）于20世纪60年代在澳大利亚创立，是家喻户晓的营养健康品牌，且该标识同在中国经核准注册商标，核定使用在第5类的膳食补充剂、营养补充剂、维生素、维生素补充剂、能量饮料、幼儿食品等产品上。未经权利人健合中国公司许可，侵权方旭饮公司伙同健澳公司，擅自将权利商标"Swisse"用作茶饮店品牌标识使用，并以该品牌名义开展加盟招商活动。权利人健合中国公司遂以侵权方旭饮公司、健澳公司侵犯"Swisse"驰名商标权为由提起侵权诉讼。

广州知识产权法院经审理认为，权利人健合中国公司权利商标"Swisse"在中国境内经过广泛、长时间的宣传和使用，已经为相关公众所熟知，属于驰名商标。侵权方旭饮公司、健澳公司未经许可，擅自将该权利商标使用于与第5类维生素补充剂不相同或不相类似商品上，极易导致公众混淆误认，构成对该驰名商标专用权的侵犯。

同时，在商标行政诉讼案件中，如诉争商标构成对驰名商标的复制、摹仿或者翻译，可提出驰名商标认定的申请。《商标授权规定》第12条规定："当事人依据商标法第十三条第二款主张诉争商标构成对其未注册的驰名商标的复制、摹仿或者翻译而不应予以注册或者应予无效的，人民法院应当综合考量如下因素以及因素之间的相互影响，认定是否容易导致混淆……"第13条规定："当事人依据商标法第十三条第三款主张诉争商标构成对其已注册的驰名商标的复制、摹仿或者翻译而不应予以注册或者应予无效的，人民法院应当综合考虑如下因素，以认定诉争商标的使用是否足以使相关公众认为其与驰名商标具有相当程度的联系，从而误导公众，

---

[1] 参见广州知识产权法院（2021）粤73民初2661号民事判决书。

致使驰名商标注册人的利益可能受到损害……"第14条规定:"当事人主张诉争商标构成对其已注册的驰名商标的复制、摹仿或者翻译而不应予以注册或者应予无效,商标评审委员会依据商标法第三十条规定裁决支持其主张的,如果诉争商标注册未满五年,人民法院在当事人陈述意见之后,可以按照商标法第三十条规定进行审理;如果诉争商标注册已满五年,应当适用商标法第十三条第三款进行审理。"

案例15 "酷狗"未注册驰名商标案[1]

争议商标第7583066号"酷狗KuGou"商标于2009年7月核准注册,核定使用在第41类"培训;安排和组织音乐会;流动图书馆;图书出版;节目制作;娱乐;提供卡拉OK服务;夜总会;健身俱乐部;为艺术家提供模特"等服务上,商标注册人为利丰公司。2014年11月,酷狗公司针对争议商标向商标评审委员会提出无效宣告申请,主要理由为"酷狗"不仅为其有一定影响的在先商号,同属于"提供在线音乐(非下载)"的未注册驰名商标,争议商标构成对未注册驰名商标的复制、摹仿。

商标评审委员会审理认为,酷狗公司"酷狗"商标在争议商标申请日前已具有一定知名度,争议商标的注册损害了酷狗公司的在先商号权益。同时认为,利丰公司同样构成以不正当手段抢先注册酷狗公司已经使用并有一定影响的"酷狗"商标的行为,遂裁定争议商标予以无效宣告。北京市高级人民法院在行政诉讼中同样认为,争议商标损害了酷狗公司在先商号权益以及在先使用有一定影响的"酷狗"商标。同时,法院也认定"酷狗"商标在"提供在线音乐(非下载)"服务上构成未注册驰名商标,争议商标构成对未注册驰名商标的复制、摹仿。

---

1 参见北京市高级人民法院(2017)京行终248号行政判决书。

四、商号的概述

（一）商号的定义

本书所称商号，即字号。与商标一样，商号同是商业标志，是商事主体进行商业活动用以标示自己区别于他人的商业标志。商号作为商事主体名称中的重要组成部分，不仅具有人身属性，也具有财产属性。

商号（trade name）一词的渊源主要体现在《巴黎公约》。《巴黎公约》第8条规定："厂商名称应在本联盟一切国家内受到保护，没有申请或注册的义务，也不论其是否为商标的一部分。"这里的厂商名称实质是指商号。我国于1985年加入《巴黎公约》，表明了商号在我国应当受到法律保护。

商号与商标具有相同属性，商标是区分商品或服务来源的标志，商号是区分不同商事主体的标志，两者均是市场上不同经营主体的商业标志。

在我国法律规定中，更多使用"字号"一词来替代"商号"。关于字号与企业名称的关系，《企业名称登记管理规定》第6条规定："企业名称由行政区划名称、字号、行业或者经营特点、组织形式组成。跨省、自治区、直辖市经营的企业，其名称可以不含行政区划名称；跨行业综合经营的企业，其名称可以不含行业或者经营特点。"

与《巴黎公约》第8条所不同的是，我国法律对企业名称的取得采用较为严格的企业名称核准制度，即企业在设立之时，其企业名称，包括字号使用，须经核准登记通过后，方可开始以该企业名称从事生产经营活动，否则，将承担停止经营、没收非法所得或罚款等行政处罚。

关于商号与商标两种商业标志在商业登记或商业活动实践的诸多案例中，企业商号的使用主要呈现两种风格。一种是企业将相同的商号用作商标注册，同为其商品或服务的品牌使用，例如恒大公司使用"恒大"字号及商标、华为公司使用"华为"字号及商标、小米公司使用"小米"字号及商标，使得字号与商标紧密联系，甚至无法分离。另一种是，企业有唯一的商号，但有多件不同于商号的商标或品牌，如宝洁公司的商号是"宝洁"，其名下有"海飞丝""潘婷""飘柔""舒肤佳"等核心商标及品牌；联合利华公司的商号是"联合利华"，其名下有"多芬""力士""奥妙""清扬"等核心商标及品牌。

（二）商号的权利属性

根据《民法典》第110条的规定，企业依法享有名称权。《企业名称登记管理规定》第4条规定："企业只能登记一个企业名称，企业名称受法律保护。"企业名称依法获得保护，而商号作为企业名称的核心部分，同样享有专用权。

1.企业名称具有专用权

商事主体对其企业名称拥有支配权，有权自由处分，并排斥他人干涉、盗用、假冒。《民法典》第1013条规定："法人、非法人组织享有名称权，有权依法决定、使用、变更、转让或者许可他人使用自己的名称。"第1014条规定："任何组织或者个人不得以干涉、盗用、假冒等方式侵害他人的姓名权或者名称权。"

案例16 "国信信扬"企业名称权案[1]

国信信扬律师事务所1998年成立于广州，曾获得广州市律师协会、广东省律师协会、司法部等机构颁发的"优秀管理奖"等。广东广瀚律师事务所与三搜公司签订"360搜索广告服务购买订单"，使用"国信信扬律师事务所"作为关键词进行推广宣传，且关键词分组归类为同行词、竞品词。国信信扬律师事务所遂以广瀚律师事务所侵害其企业名称权为由向广州互联网法院提起诉讼。

广州互联网法院及广州市中级人民法院均审理认为，根据《民法典》第1013条、第1014条的规定，非法人组织享有名称权，任何组织或者个人不得以干涉、盗用、假冒等方式侵害其名称权。广瀚律师事务所未经国信信扬律师事务所许可，对国信信扬律师事务所的名称进行商业应用，侵害了国信信扬律师事务所的名称权。

2.商号作为企业名称的重要部分，具有限制权或排他权

商号作为企业名称的重要部分，依法属于企业名称的特殊情况，同样具有限制权或排他权。在企业名称登记及使用阶段，商事主体享有在同一企业登记机关辖区范围内限制他人在同一行业使用相同字号的权利。《企业名称登记管理规定》第17条规定："在同一企业登记机关，申请人拟定的企业名称中的字号不得与下列同行业或者不使用行业、经营特点表述的企业名称中的字号相同……"《企业名称禁限用规则》第4条规定："企业名称不得与同一企业登记机关已登记注册、核准的同行业企业名称相同。"第15条规定："企业名称不得与同一企业登记机关已登记注册、核准的同行业企业名称近似，但有投资关系的除外。"

---

[1] 参见广州市中级人民法院（2021）粤01民终21436号民事判决书。

案例17 "星群"企业字号不正当竞争案[1]

星群药业公司的前身星群中药提炼厂，于1950年开始使用"星群"作为字号，该企业及产品"星群夏桑菊"在市场上具有较高知名度。

星群食品饮料公司于2005年1月14日登记成立，经营及销售同类产品夏桑菊颗粒产品，且在包装底部印有星群食品司监制、总经销的字样。

星群药业公司以星群食品饮料公司使用的字号侵犯了其商标专用权和企业名称权为由提起诉讼。最高人民法院再审审理认为，星群药业公司的"星群"字号知名度高，历史悠久。星群食品饮料公司的成立时间明显晚于星群药业公司，其对生产相同或相似产品的星群药业公司使用的"星群"字号是明知的。星群食品饮料公司在选择"星群"字号后又生产与星群药业公司的产品装潢高度近似的夏桑菊颗粒产品，使得消费者容易将其生产的商品误认为是星群药业公司的商品或认为两者存在某种联系，具有明显的"搭便车"的故意，有违公平、诚信的市场竞争原则，构成不正当竞争。

3.有一定影响的企业名称（字号）权益不等同于企业名称专用权

反不正当竞争法保护的有一定影响的企业名称（字号）权益不能简单地等同于《企业名称登记管理规定》的企业名称专用权。反不正当竞争法保护的有一定影响的企业名称，要符合特定的构成要件，包括有一定影响或具有一定知名度，在司法保护程序中对举证责任要求较高，且其禁用权范围并不仅局限于同一行政辖区内。而企业名称专用权的保护不须符合该构成要件，能直接禁止其登记主管机关辖区内同行企业进行相同或近似企业名称的登记，在司法保护程序中对举证责任要求相对较低。

---

[1] 参见最高人民法院（2008）民申字第982号民事判决书。

五、商号权益的保护

商号作为企业名称的重要部分，受《反不正当竞争法》保护，属于其权利的延伸性保护，其目的在于制止不正当竞争的行为，保护经营者和消费者的合法权益。同时，商号受《反不正当竞争法》的保护，须以符合一定条件及标准为前提，包括商号具有一定影响以及擅自使用商号会引人误认为是他人商品或者与他人存在特定联系的程度。

《反不正当竞争法》第6条规定："经营者不得实施下列混淆行为，引人误认为是他人商品或者与他人存在特定联系：……（二）擅自使用他人有一定影响的企业名称（包括简称、字号等）、社会组织名称（包括简称等）、姓名（包括笔名、艺名、译名等）……"《最高人民法院关于适用〈中华人民共和国反不正当竞争法〉若干问题的解释》第9条规定："市场主体登记管理部门依法登记的企业名称，以及在中国境内进行商业使用的境外企业名称，人民法院可以认定为反不正当竞争法第六条第二项规定的'企业名称'。有一定影响的个体工商户、农民专业合作社（联合社）以及法律、行政法规规定的其他市场主体的名称（包括简称、字号等），人民法院可以依照反不正当竞争法第六条第二项予以认定。"

如上述法律规定，《反不正当竞争法》所保护的企业名称，主要是有一定影响的企业名称，且在行为使用效果上需要达到该实施混淆的行为会引人误认为是他人商品或者与他人存在特定联系的程度。总结上述法律及司法解释，《反不正当竞争法》中的"企业名称"适用范围及对象主要有三类情形：一是企业登记主管机关依法登记的企业名称；二是在中国境内进行商业使用的境外企业名称；三是具有一定影响的个体工商户、农民专业合作社（联合社）以及法律、行政法规规定的其他市场主体的名称（包括简称、字号等）。

（一）企业登记主管机关依法登记的企业名称

案例18 "山起"企业字号不正当竞争案[1]

山东起重机厂成立于1968年，经营范围以起重机械制造加工为主，属国有老企业，长期在生产经营和对外经济来往中使用"山起"作为企业简称，同时该企业在山东省同行业中有一定知名度。被告山起重工公司成立于2004年2月13日，经营范围为起重机械、皮带输送机械维修等。山东起重机厂于2005年7月向山东省青州市人民法院起诉，请求判令山起重工公司立即停止对"山起"字号的使用。

一、二审法院及最高人民法院再审认为，山东起重机厂作为国有老企业，在山东省同行业中具有较高知名度。同时，作为中二型企业，其在企业规模、企业营销、企业荣誉、企业贡献等诸多方面不仅为同行业认可，而且被社会广泛认知，具有较高知名度。从行业比较看，山东起重机厂已形成一个消费群体，用户在看到具有"山起"字样的名称时，很容易与其产生联系。"山起"不仅是山东起重机厂的简称，更是经过多年发展由众多因素凝聚成的企业无形资产，因此应当确认"山起"系山东起重机厂企业名称的简称。山起重工公司使用山东起重机厂在先使用并知名的企业名称中最核心的"山起"字号，双方当事人所属行业相同或有紧密联系，极易

---

[1] 参见最高人民法院（2008）民申字第758号民事裁定书。

使相关公众产生误认，应当认定山起重工公司已构成对山东起重机厂名称权的侵犯。

（二）在中国境内进行商业使用的境外企业名称

案例19 "苏富比"企业字号不正当竞争案[1]

苏富比拍卖行于1744年在伦敦成立，是世界上历史悠久的拍卖行，也是目前具有影响力的国际性拍卖行之一，主要经营古董、字画等高端艺术品的拍卖。四川苏富比公司成立于2003年，经营与苏富比拍卖行同类拍卖业务。苏富比拍卖行遂于2007年向北京市第二中级人民法院提起诉讼，请求判令四川苏富比公司停止使用"苏富比"企业字号。

一、二审法院均审理认为，在案证据显示大量网络媒体刊登有大量文章或者广告，介绍苏富比拍卖行以及其拍卖活动和拍品，可以认定苏富比拍卖行的字号"苏富比"自1988年起即开始在我国拍卖服务中持续使用，并在我国相关公众中已经具有较高的知名度。四川苏富比公司未经许可，在其宣传材料、网站、相关报纸专版、广告和法定代表人名片中均大量使用了"四川苏富比拍卖有限公司""中国苏富比拍卖集团""苏富比公司"等名称，将苏富比拍卖行知名字号作为其字号使用，构成不正当竞争。

（三）具有一定影响的市场主体的名称（包括简称、字号等）

在商标授权确权行政案件中，具有一定市场知名度且为相关公众所知晓的字号，等同于在先企业名称权，有限制他人使用相同字号的权利。

---

[1] 参见北京市高级人民法院（2008）高民终字第324号民事判决书。

《商标授权规定》第21条规定："当事人主张的字号具有一定的市场知名度，他人未经许可申请注册与该字号相同或者近似的商标，容易导致相关公众对商品来源产生混淆，当事人以此主张构成在先权益的，人民法院予以支持。当事人以具有一定市场知名度并已与企业建立稳定对应关系的企业名称的简称为依据提出主张的，适用前款规定。"

案例20 "信远达"企业字号商标无效宣告行政案[1]

> 北京信远达公司创立于2004年5月13日，前身为"北京信远达知识产权代理事务所""北京信远达知识产权代理事务所（普通合伙）"，主要从事商标、专利代理服务，自成立以来一直使用"信远达"作为企业字号并持续至今。禹霖公司于2014年登记设立，其核定经营范围为商标代理、版权贸易等。
>
> 禹霖公司于2019年申请注册了第15842555号"远信达知识产权YUANXINDAINTELLECTUALPROPERTY"商标。
>
> 北京信远达公司以享有"信远达"在先商号权为由向商标评审委员会申请宣告商标无效。商标评审委员会作出了对争议商标予以无效宣告的裁定，认为在案证据可以证明争议商标提出注册申请前，"信远达"作为申请人企业商号经使用在商标代理、专利代理等法律相关业务上已具有了较高知名度，具有一定影响，争议商标侵害了信远达公司的在先商号权。远信达公司不服，该案经北京知识产权法院一审、北京市高级人民法院二审，都维持了上述裁定结果。

---

[1] 参见北京市高级人民法院（2021）京行终1364号行政判决书。

第二章

权利冲突的类型及处理原则

一、权利冲突概述及案件类型划分

（一）权利冲突的概述

商标与商号同为商业标识，在商业往来及商品流通领域，二者均能起到标示某一商品或服务的来源与其他商事主体不同的作用，并且商标、商号均可能随着相关市场主体的经营活动而附着相应的商誉。[1]

商标与商号的权利冲突，是指在我国现有的法律制度体系下，商标与商号作为工业产权，由相同或者近似的文字构成的商标与商号，或经核准注册，或经名称登记，可能分别由不同的主体享有权利，并在形式上都处于合法的状态，由此造成和引发一系列市场主体利益冲突的现象。[2]

---

1 参见北京阳光知识产权与法律发展基金会商标与商号法律制度冲突问题研究课题组：《商标与商号法律制度冲突问题研究报告》，网址：https://book.yunzhan365.com/uffyb/pqic/mobile/index.html，最后访问日期：2024年7月3日。
2 参见北京阳光知识产权与法律发展基金会商标与商号法律制度冲突问题研究课题组：《商标与商号法律制度冲突问题研究报告》，网址：https://book.yunzhan365.com/uffyb/pqic/mobile/index.html，最后访问日期：2024年7月3日。

商标与商号同为商业标识，两者受不同法律约束，并享有不同的权利内容，且各自有专属的权利边界及范围，但两者必不可免地存在相互交叉因而会产生客观上的冲突，特别是权利人以不正当、突出或不规范使用等方式使用，甚至以形式合法的外衣行实质违法之实，包括权利的滥用或权利边界的超越等，使得其行为触及他人权利的边界，并加剧权利冲突及矛盾。

案例1 王致和腐乳厂诉顺义县致和腐乳厂侵害商标权纠纷案[1]

> 本案是北京市中级人民法院1993年受理的商标与商号相互冲突的案例，当时解决此类冲突存在着法律适用等方面的难题，该案在行业内引起法院、实务界、专家学者的普遍关注。
>
> 原告北京市王致和腐乳厂于1985年4月30日在腐乳商品注册"王致和"商标权，该商标属北京著名商标。被告顺义腐乳厂在出售大、小坛装腐乳所用标签上，将厂名缩写成"北京致和腐乳厂"；1992年3-4月，其在发放本厂职工瓶装腐乳和赠送礼品时使用了国家不予注册的"致和"商标并附有产品简介，产品简介的封面上使用"北京致和腐乳厂"的缩写厂名。另外，其还在出售核准注册的"致"字商标的瓶装腐乳的标识上注明"北京市顺义县致和腐乳厂"。
>
> 原告北京市王致和腐乳厂以侵权为由向一审法院顺义县人民法院起诉。一审法院顺义县人民法院以证据不足为由，判决驳回原告北京市王致和腐乳厂的诉讼请求。二审法院北京市中级人民法院认为，顺义腐乳厂在出售大、小坛装腐乳所用标签上使用厂名缩写"北京致和腐乳厂"及在赠予的瓶装腐乳上使用国家不予注册的"致和"商标，造成消费者对生产者的混淆和误认，均构成商标侵

---

[1] 参见北京市中级人民法院（1993）中民终字第1998号民事判决书。

权。同时，二审法院认定在瓶装腐乳的标识上注明"北京市顺义县致和腐乳厂"的行为，应通过有关行政主管机关予以解决，不予审理。据此，二审法院判决被告顺义腐乳厂在其生产、销售的腐乳产品包装、标签上停止使用"致和"字样，并承担经济赔偿。

在司法政策层面，最高人民法院于2009年4月21日发布的《关于当前经济形势下知识产权审判服务大局若干问题的意见》（以下简称《知产审判意见》）第10条规定："妥善处理注册商标、企业名称与在先权利的冲突，依法制止'傍名牌'等不正当竞争行为。除注册商标之间的权利冲突民事纠纷外，对于涉及注册商标、企业名称与在先权利冲突的民事纠纷，包括被告实际使用中改变了注册商标或者超出核定使用的商品范围使用注册商标的纠纷，只要属于民事权益争议并符合民事诉讼法规定的受理条件，人民法院应予受理。凡被诉侵权商标在人民法院受理案件时尚未获得注册的，均不妨碍人民法院依法受理和审理；被诉侵权商标虽为注册商标，但被诉侵权行为是复制、摹仿、翻译在先驰名商标的案件，人民法院应当依法受理。按照诚实信用、维护公平竞争和保护在先权利等原则，依法审理该类权利冲突案件。"

（二）权利冲突案件类型的划分

商标与商号权利冲突的问题，一直是司法实务界关注及讨论的难题。《商标与商号的权利冲突问题研究》一书曾重点解析并提出了该类型案件的解决方案。因该冲突所产生的纠纷，在知识产权的案件中，特别是商标或不正当竞争纠纷案件中，已占重要一类，且数量呈不断上升之势。且部分案例呈现侵权行为较为复杂、法律定性较为困难、高赔偿额突出的特点，频频出现典型案例，其中包括天猫案涉15家企业名称侵权、德禄案赔偿5000万元、小米案赔偿3000万元等，引起行业广泛关注及重视。

本书以我国现行有效的法律法规、司法解释以及政策意见为基础，以搜集的近十年来涉及商标与商号权利冲突的司法案例为核心，其中包括最高人民法院及各级法院的典型案例、近三年来通过知产力等媒体刊登的有全国性影响力的案例以及本人曾经办理的案例，将其进行择优筛选、汇总及归纳，以侵权行为的表现及适用的法律关系为条件，将商标与商号权利冲突的案例类型划分为如下四种情形：

（1）在先商标与在后商标的权利冲突（在先商标VS在后商标）；

（2）在先商标与在后商号的权利冲突（在先商标VS在后商号）；

（3）在先商号与在后商标的权利冲突（在先商号VS在后商标）；

（4）在先商号与在后商号的权利冲突（在先商号VS在后商号）。

下面笔者逐一展开，解析这四种类型案件所适用的法律及情形（见表1）。

表1 权利冲突案例类型归纳

冲突类型	行为阶段对象	侵权行为及表现	维权策略	是否需要认定驰名商标	法律依据
在先商标 VS 在后商标	商标注册	将在先商标在相同、近似的类别上注册在后商标	商标授权确权行政纠纷	不需要，商标宣告无效案可突破在后商标的恶意注册，且不受5年的时间限制	《商标法》第30条及第45条第1款
		将在先商标在不相同或不近似的类别上注册在后商标	商标授权确权行政纠纷	需要	《商标法》第13条第3款及第45条第1款
	商业使用	在后商标属于复制、摹仿或者翻译在先驰名商标	商标侵权诉讼	需要，在同类或近似类别仍可认定驰名商标	《最高人民法院关于审理商标民事纠纷案件适用法律若干问题的解释》第1条第2项、《最高人民法院关于审理涉及驰名商标保护的民事纠纷案件应用法律若干问题的解释》第11条
		不规范使用在后商标：超出核定商品的范围或者以改变显著特征、拆分、组合等方式使用在后商标	商标侵权诉讼	涉及商品或服务不相同或不近似的，需认定	《最高人民法院关于审理注册商标、企业名称与在先权利冲突的民事纠纷案件若干问题的规定》第1条第2款

续表

冲突类型	行为阶段对象	侵权行为及表现	维权策略	是否需要认定驰名商标	法律依据
在先商标 VS 在后商号	商业使用	将与在先商标相同或者相近似的文字作为企业的字号在相同或者类似商品上突出使用，容易使相关公众产生误认	商标侵权诉讼	在先商标核定类别与在后商号的企业经营业务范围不相同或不近似的，需要	《商标法》第57条第7项、《最高人民法院关于审理商标民事纠纷案件适用法律若干问题的解释》第1条第1项、《最高人民法院关于审理涉及驰名商标保护的民事纠纷案件应用法律若干问题的解释》第2条第2项
		将在先商标作为企业名称中的字号使用，误导公众	不正当竞争诉讼	在先商标核定类别与在后商号的企业经营业务范围不相同或不近似的，需要	《商标法》第58条、《反不正当竞争法》第2条及第6条第4项、《最高人民法院关于审理涉及驰名商标保护的民事纠纷案件应用法律若干问题的解释》第2条第2项

续表

冲突类型	行为阶段对象	侵权行为及表现	维权策略	是否需要认定驰名商标	法律依据
在先商号 VS 在后商标	商标注册	在先字号有一定的市场知名度，他人将在先字号相同或近似文字注册在后商标，容易导致相关公众混淆	商标授权确权行政纠纷	不需要	《商标法》第32条及第45条第1款、《最高人民法院关于审理商标授权确权行政案件若干问题的规定》第21条
	商业使用	将有一定影响的在先字号注册为商标开展商业活动，引人误认为是他人商品或与他人存在特定联系	不正当竞争诉讼	不需要	《反不正当竞争法》第2条及第6条第2项、《最高人民法院关于审理注册商标、企业名称与在先权利冲突的民事纠纷案件若干问题的规定》第1条第1款
在先商号 VS 在后商号	商业使用	将有一定影响的在先字号登记为字号开展商业活动，引人误认为是他人商品或与他人存在特定联系	不正当竞争诉讼	不需要	《反不正当竞争法》第2条及第6条第2项、《最高人民法院关于审理注册商标、企业名称与在先权利冲突的民事纠纷案件若干问题的规定》第2条

二、权利冲突的处理原则

（一）权利冲突处理原则的演变

法律原则是对法律活动的指导原理和准则，相比于法律规则，其更直接地反映一般规律以及内容本质。在处理商标与商号权利冲突的过程中，把握好基本原则，等于把控住案件裁判的基本规律及核心焦点，使得司法的裁判或法律定律更明确、统一。

商标与商号权利冲突处理原则遵循从个案到一般的发展路径，并最终以司法解释的形式确定下来。

最高人民法院于1998年7月20日施行的《关于全国部分法院知识产权审判工作座谈会纪要》（法〔1998〕65号）中规定，知识产权权利冲突，是指对争议的智力成果或者标记，原、被告双方均拥有知识产权。造成权利冲突的原因，主要是因为我国对知识产权审查授权的部门不同，且这些知识产权授权的最终审查权不在人民法院。近年来，人民法院在审理知识产权民事纠纷案件中，权利冲突的案件时有发生，主要表现为：（1）同一类型权利的冲突，如发明、实用新型及外观设计专利权之间的冲突；（2）不同类型权利的冲突，外观设计专利权与商标权发生冲突，或商标权与著作权发生冲突，或商标权与在先使用的商品的特有的名称、包装、装潢权利发生冲突，或商标权与企业名称权发生冲突等。为解决权利冲突，公正保护知识产权所有人的合法权益，人民法院应当按照《民法通则》（已于2017年10月1日废止）规定的诚实信用原则和保护公民、法人的合法的民事权益原则，依法保护在先授予的权利人或在先使用人享有继续使用的合法的民事权益。

时任最高人民法院副院长曹建明于2005年11月21日在全国法院知识产权审判工作座谈会上发表"加强知识产权司法保护、优化创新环境、构建和谐社会"的讲话，提及对于知识产权权利冲突案件的审理，一般应当遵循保护在先权利、维护公平竞争和诚实信用的原则。

曹建明于2008年2月19日在第二次全国法院知识产权审判工作会议上发表题为"求真务实　锐意进取　努力建设公正高效权威的知识产权审判制度"的讲话，认为法院要妥善处理商业标识类权利冲突案件，依法规范市场经济秩序，准确把握权利冲突的处理原则。审理这类权利冲突案件，要遵循诚实信用、维护公平竞争和保护在先权利等原则。有工商登记等的合法形式，但实体上构成商标侵权或者不正当竞争的，依法认定构成商标侵权或者不正当竞争，既不需要以行政处理为前置条件，也不应当因行政处理而中止诉讼。在中国境外取得的企业名称等，即便其取得程序符合境外的法律规定，但在中国境内的使用行为违反我国法律和扰乱我国市场经济秩序的，按照知识产权的独立性和地域性原则，依照我国法律认定其使用行为构成商标侵权或者不正当竞争。企业名称因突出使用而侵犯在先注册商标专用权的，依法按照商标侵权行为处理；企业名称未突出使用但其使用产生市场混淆、违反公平竞争的，依法按照不正当竞争处理。对于因历史原因造成的注册商标与企业名称的权利冲突，当事人不具有恶意的，应当视案件具体情况，在考虑历史因素和使用现状的基础上，公平合理地解决冲突，不宜简单地认定构成商标侵权或者不正当竞争。

最高人民法院于2009年3月23日发布的《关于贯彻实施国家知识产权战略若干问题的意见》（法发〔2009〕16号）第15条规定："依法制止不正当竞争，规范市场竞争秩序，推动形成统一开放竞争有序的现代市场体系……依法积极受理涉及注册商标、企业名称等与在先权利冲突的民事纠纷，按照遵循诚实信用、维护公平竞争和保护在先权利等原则，妥善予以裁决。"

最高人民法院发布的《知产审判意见》第10条规定："妥善处理注册商标、企业名称与在先权利的冲突，依法制止'傍名牌'等不正当竞争行为……按照诚实信用、维护公平竞争和保护在先权利等原则，依法审理该类权利冲突案件。有工商登记等的合法形式，但实体上构成商标侵权或者不正当竞争的，依法认定构成商标侵权或者不正当竞争，既不需要以行政处理为前置条件，也不应因行政处理而中止诉讼。在中国境外取得的企业名称等商业标识，即便其取得程序符合境外的法律规定，但在中国境内的使用行为违反我国法律和扰乱我国市场经济秩序的，按照知识产权的独立性和地域性原则，依照我国法律认定其使用行为构成商标侵权或者不正当竞争。企业名称因突出使用而侵犯在先注册商标专用权的，依法按照商标侵权行为处理；企业名称未突出使用但其使用足以产生市场混淆、违反公平竞争的，依法按照不正当竞争处理。对于因历史原因造成的注册商标与企业名称的权利冲突，当事人不具有恶意的，应当视案件具体情况，在考虑历史因素和使用现状的基础上，公平合理地解决冲突，不宜简单地认定构成商标侵权或者不正当竞争；对于权属已经清晰的老字号等商业标识纠纷，要尊重历史和维护已形成的法律秩序。对于具有一定市场知名度、为相关公众所熟知、已实际具有商号作用的企业名称中的字号、企业或者企业名称的简称，视为企业名称并给予制止不正当竞争的保护。因使用企业名称而构成侵犯商标权的，可以根据案件具体情况判令停止使用，或者对该企业名称的使用方式、使用范围作出限制。因企业名称不正当使用他人具有较高知名度的注册商标，不论是否突出使用均难以避免产生市场混淆的，应当根据当事人的请求判决停止使用或者变更该企业名称。判决停止使用而当事人拒不执行的，要加大强制执行和相应的损害赔偿救济力度。"

由上可知，人民法院在审理商标与商号权利冲突的案件中，均需按照诚实信用、维护公平竞争和保护在先权利等原则进行审理，进而可确认诚实信用、维护公平竞争和保护在先权利原则是该案件类型审理中需遵循的裁判原则。

（二）诚实信用原则

诚实信用原则属我国法律明文规定的原则，是一切民事活动需遵守的基本原则。《民法典》第7条规定："民事主体从事民事活动，应当遵循诚信原则，秉持诚实，恪守承诺。"《反不正当竞争法》第2条第1款规定："经营者在生产经营活动中，应当遵循自愿、平等、公平、诚信的原则，遵守法律和商业道德。"

诚实信用是市场经济活动中的道德准则，不仅要求权利人享有的权利是合法、正当的，应受法律保护，而且要求权利人参与市场商业活动不得损害他人利益和社会公益，促使当事人之间的利益关系和当事人与社会之间的利益关系实现平衡，并维持市场道德秩序的稳定。

同时，适用公平竞争原则和保护在先权利原则的基础在于确认诚实信用原则。未适用诚实信用原则，将使得公平竞争原则和保护在先权利原则无法适用。

> **案例2 "德禄"商标侵权及不正当竞争案**[1]
>
> 德禄两合公司为第20类"德禄""raumplus"系列商标权人，核定使用商品包括家具、衣橱、陈列柜等家具商品。德禄两合公司授权德禄国际有限公司、德禄太仓公司使用上述权利商标，且权利商标在家具行业具有较高知名度。
>
> 被告德禄上海公司、德禄南通公司曾是原告德禄国际有限公

---

1 参见苏州市中级人民法院（2020）苏05民初271号民事判决书。

司与案外人上海雷狄尼公司共同设立的合资公司，并且双方约定合作期间内由德禄两合公司将权利商标许可给被告使用，且合作结束后，被告不得再使用其商标，同时需更改公司名称，不再包含"raumplus""德禄"字样。后双方合作结束合作后，众被告未停止对涉案商标的使用，并且在开设的门店招牌等多处显著使用"raumplus""德禄"侵权字样。

苏州市中级人民法院经审理认为，被告未经许可，生产、销售与权利商标核定使用相同的商品，在家具发货单、宣传册、设计图纸、微信公众号、店铺装潢、店铺门头、展会展厅、投标文件等处大量使用与权利商标构成相同的"德禄""raumplus"侵权标识，构成商标侵权。同时，法院认为被告在与原告合资关系结束后，仍持续使用"德禄"作为企业字号，特别是在原告多次发函要求其立即停止侵权行为、变更企业名称时，被告不仅不停止，反而大规模实施侵权行为，误导公众，明显有违诚实信用原则，构成不正当竞争侵权。被告不服提起上诉，江苏省高级人民法院终审驳回上诉，维持原判。

案例3 "优衣库"商标侵权案[1]

广州市指南针公司与广州中唯公司为涉案权利商标的共有人，核定使用商品为第25类。优衣库公司与迅销（中国）公司共同经营"优衣库"品牌，在中国各地设有专营店。广州市指南针公司与广州中唯公司依据涉案权利注册商标专用权，在北京、上海、广东、浙江四地针对优衣库公司或迅销（中国）公司提起了42起商标侵权诉讼。

---

[1] 参见最高人民法院（2018）最高法民再396号民事判决书。

法院经核实，广州市指南针公司与广州中唯公司分别持有注册商标共计2600余个，部分商标与他人知名商标在呼叫或者视觉上高度近似。一、二审法院判决优衣库公司停止侵权。

最高人民法院再审认为，广州市指南针公司与广州中唯公司以不正当方式取得商标权后，目标明确指向优衣库公司，主观恶意明显，其行为明显违反诚实信用原则，对其借用司法资源以商标权谋取不正当利益之行为不予保护，判决撤销一、二审判决，驳回广州市指南针公司与广州中唯公司全部诉讼请求。

（三）保护在先权利原则

保护在先权利原则，指在知识产权案件中发生权利冲突时，要保护在先存在的合法权利，这是知识产权领域纠纷解决的重要原则。知识产权，特别是商标权，通过注册核准取得，权利形成后，即在法律规定的权利范围内享有垄断权或专用权，并排除任何第三方非法使用及侵占。而坚持在先权利原则，是判断侵权对象构成侵权的必要条件。

《商标法》第9条规定："申请注册的商标，应当有显著特征，便于识别，并不得与他人在先取得的合法权利相冲突。"第32条规定："申请商标注册不得损害他人现有的在先权利，也不得以不正当手段抢先注册他人已经使用并有一定影响的商标。"《中华人民共和国专利法》（以下简称《专利法》）第23条规定："授予专利权的外观设计不得与他人在申请日以前已经取得的合法权利相冲突。"另外，根据《最高人民法院关于审理注册商标、企业名称与在先权利冲突的民事纠纷案件若干问题的规定》（以下简称《权利冲突司法解释》）第1条的规定，涉及法院受理权利冲突或知识产权权利冲突处理的规定中，均以在先权利作为适用的前提条件。

当然，受保护的在先权利必须是合法的民事权利，即该商标标识权利没有法律上的瑕疵，否则无法对抗在后的合法权利。权利在先与权利合法乃是保护在先权利的应有之义。是否侵犯在先权利是判断知识产权权利冲突是否具有违法性的根本标准，或者说是判断违法性的直观的基本法律界限。被控侵权的知识产权只要先于请求保护的知识产权，即使产生市场混淆，也不能认定其构成违法，充其量也只能通过承担附加区别性标识的法律负担的方式，解决客观上存在的权利冲突。[1]

案例4 "启航"商标侵权案[2]

> 北京中创东方公司经许可，独占享有于2001年10月核准注册第41类学校（教育）等服务上的"启航学校QihangSchool"注册商标的使用权。北京市海淀区启航考试培训学校及北京市启航世纪公司在共同运营的启航世纪网站，发放的宣传材料、名片、教材等上，以及对外加盟行为中使用与权利商标相近似的"启航考研"等标识。
>
> 法院经审理认为，北京市海淀区启航考试培训学校成立于1998年，北京市启航世纪公司成立于2003年。在1998年至2001年间，北京市海淀区启航考试培训学校已经在公开出版的图书上使用"启航考研"字样并在公开媒体上发布"启航考研"招生信息，且已经具有一定规模，符合《商标法》（2013年修正）第59条第3款规定的在先使用并有一定影响的商标情形，构成在先使用，不构成对权利商标专用权的侵犯。

---

1 参见孔祥俊：《商标与不正当竞争法：原理和判例》，法律出版社2009年版，第546页。
2 参见北京知识产权法院（2015）京知民终字第588号民事判决书。

案例5 "张小泉"商标侵权及不正当竞争案[1]

最高人民法院在杭州张小泉剪刀厂诉上海张小泉刀剪总店、上海张小泉刀剪制造有限公司商标侵权及不正当竞争纠纷一案的请示报告中答复，在先取得企业名称权的权利人有权正当使用自己的企业名称，不构成侵犯在后注册商标专用权行为。企业名称权和商标专用权各自有其权利范围，均受法律保护。企业名称经核准登记以后，权利人享有在不侵犯他人合法权益的基础上使用企业名称进行民事活动、在相同行政区划范围内阻止他人登记同一名称、禁止他人假冒企业名称等民事权利。考虑到本案纠纷发生时的历史情况和行政法规、规章允许企业使用简化名称以及字号的情况，上海张小泉刀剪总店过去在产品上使用"张小泉"或者"上海张小泉"字样的行为不宜认定为侵犯杭州张小泉剪刀厂的合法权益。

（四）维护公平竞争原则（防止误导或者市场混淆）

维护公平竞争原则，涉及的法律规定主要体现在《反不正当竞争法》中。《反不正当竞争法》第1条规定："为了促进社会主义市场经济健康发展，鼓励和保护公平竞争，制止不正当竞争行为，保护经营者和消费者的合法权益，制定本法。"这表明不正当竞争的行为不仅损害了经营者和消费者的合法权益，同时违背了公平竞争原则。知识产权权利冲突的结果通常要么是特定的在先权利受到损害，要么是产生不正当竞争。而相当一部分的知识产权权利冲突涉及公平竞争，主要是维护公平竞争的市场秩序，对于这些冲突的解决就是判断是否构成不正当竞争。特别是，商业标识之间的权利冲突往往构成不正当竞争，即在相互冲突的权利中，在后使用的或者不知名的商业标识的所有人，通过其与在先使用的或者知名的商

---

1 参见最高人民法院（2003）民三他字第1号函。

业标识相同或者近似，攀附他人的商业信誉或者搭他人"便车"，误导相关公众。[1]

维护公平竞争，同时要求防止市场混淆行为。有理论认为，维护公平竞争，其实就是防止市场混淆，通过保护权利人和消费者对商业标识所指示的商品或服务的来源不产生混淆或误认，以保护市场秩序公平竞争、有序发展。

案例6 "宏济堂"商标侵权及不正当竞争案[2]

"宏济堂"为济南本土的中药老字号，创立于1907年，"宏济堂"历经分立、合并、整合、改制和更名等多次调整分为山东宏济堂制药集团有限公司和山东宏济堂医药集团有限公司。山东宏济堂制药集团有限公司于2005年受让取得于1998年申请注册的第1270231号"宏济堂"权利商标，核准商品在第5类中药制剂、中成药、中药饮片商品上使用，权利商标"宏济堂"曾被认定为山东省著名商标、驰名商标。

山东宏济堂医药集团有限公司于2008年作为股东成立山东宏济堂阿胶有限公司，经营范围为加工阿胶制品。山东宏济堂医药集团有限公司于2000年申请注册第1459628号"宏济堂"商标，核准使用在第35类替他人推销服务上，且获得济南市著名商标、"中华老字号""山东老字号"等称号。山东宏济堂阿胶有限公司在其生产的阿胶产品外包装上标注有"山东宏济堂阿胶有限公司（原宏济堂

---

[1] 参见孔祥俊：《商标与不正当竞争法：原理和判例》，法律出版社2009年版，第547页。

[2] 参见枣庄市中级人民法院（2011）枣商知初字第27号民事判决书、山东省高级人民法院（2013）鲁民三终字第2号民事判决书、最高人民法院（2014）民申字第1192号民事判决书。

阿胶厂）"字样，且在产品外包装上及网站宣传中突出使用"宏济堂"文字。山东宏济堂制药集团有限公司遂提起侵权诉讼。

一审法院经审理认为，山东宏济堂阿胶有限公司使用"宏济堂"作为企业字号生产阿胶产品，违反了诚实信用原则，且超出历史因素所形成的权利范围，构成不正当竞争。并且，其在阿胶产品上突出使用"宏济堂"标识，足以造成相关公众的混淆误认，构成商标侵权。二审法院改判认为，山东宏济堂制药集团有限公司和山东宏济堂医药集团有限公司在历史上没有形成对"宏济堂"权利的划分，山东宏济堂阿胶有限公司作为山东宏济堂医药集团有限公司的子公司有权使用"宏济堂"作为企业字号，且在阿胶产品上是将"宏济堂"作为字号使用，不会造成相关公众混淆、误认的可能性，不构成商标侵权和不正当竞争侵权。再审法院同样支持二审法院判决，认为本案应本着尊重历史、保护在先权利、诚实信用、公平竞争等原则，依法处理商标和老字号的冲突纠纷，允许两个"宏济堂"字号善意共存，实现经营者之间的包容性发展。

第三章

权利冲突的类型化解析

一、在先商标与在后商标的权利冲突

（一）解决权利冲突的现行法律依据及适用

1.现行法律依据

在先商标权与在后商标权的冲突，是较为常见的冲突类型，且涉及司法案例较多，包括商标侵权的民事纠纷及商标授权确权类的行政纠纷，后者更为常见。

（1）商标授权确权行政纠纷。

《商标法》第30条规定："申请注册的商标，凡不符合本法有关规定或者同他人在同一种商品或者类似商品上已经注册的或者初步审定的商标相同或者近似的，由商标局驳回申请，不予公告。"

《商标法》第45条第1款规定："已经注册的商标，违反本法第十三条第二款和第三款、第十五条、第十六条第一款、第三十条、第三十一条、第三十二条规定的，自商标注册之日起五年内，在先权利人或者利害关系人可以请求商标评审委员会宣告该注册商标无效。对恶意注册的，驰名商标所有人不受五年的时间限制。"

（2）商标侵权民事纠纷。

《权利冲突司法解释》第1条第2款规定："原告以他人使用在核定商品上的注册商标与其在先的注册商标相同或者近似为由提起诉讼的，人民法院应当根据民事诉讼法第一百二十四条第（三）项的规定，告知原告向有关行政主管机关申请解决。但原告以他人超出核定商品的范围或者以改变显著特征、拆分、组合等方式使用的注册商标，与其注册商标相同或者近似为由提起诉讼的，人民法院应当受理。"

（3）驰名商标认定及保护。

《商标法》第13条规定："为相关公众所熟知的商标，持有人认为其权利受到侵害时，可以依照本法规定请求驰名商标保护。就相同或者类似商品申请注册的商标是复制、摹仿或者翻译他人未在中国注册的驰名商标，容易导致混淆的，不予注册并禁止使用。就不相同或者不相类似商品申请注册的商标是复制、摹仿或者翻译他人已经在中国注册的驰名商标，误导公众，致使该驰名商标注册人的利益可能受到损害的，不予注册并禁止使用。"

《商标纠纷解释》第1条规定："下列行为属于商标法第五十七条第（七）项规定的给他人注册商标专用权造成其他损害的行为：……（二）复制、摹仿、翻译他人注册的驰名商标或其主要部分在不相同或者不相类似商品上作为商标使用，误导公众，致使该驰名商标注册人的利益可能受到损害的……"

《商标纠纷解释》第2条规定："依据商标法第十三条第二款的规定，复制、摹仿、翻译他人未在中国注册的驰名商标或其主要部分，在相同或者类似商品上作为商标使用，容易导致混淆的，应当承担停止侵害的民事法律责任。"

《驰名商标保护解释》第2条规定："在下列民事纠纷案件中，当事人以商标驰名作为事实根据，人民法院根据案件具体情况，认为确有必要的，对所涉商标是否驰名作出认定：（一）以违反商标法第十三条的规定为由，提起的侵犯商标权诉讼……"

《驰名商标保护解释》第11条规定："被告使用的注册商标违反商标法第十三条的规定，复制、摹仿或者翻译原告驰名商标，构成侵犯商标权的，人民法院应当根据原告的请求，依法判决禁止被告使用该商标，但被告的注册商标有下列情形之一的，人民法院对原告的请求不予支持：（一）已经超过商标法第四十五条第一款规定的请求宣告无效期限的；（二）被告提出注册申请时，原告的商标并不驰名的。"

2.法律适用分析

根据现有法律可知，司法实践中可将上述法律规定所适用的法律关系或案由拆分为如下四种情况：

（1）将在先商标在相同、近似的类别上注册在后商标，可通过商标授权确权行政纠纷程序解决。

（2）将在先商标在不相同或不近似的类别上注册在后商标，可以认定驰名商标的方式通过商标授权确权行政纠纷程序解决；另外，在涉及商标无效宣告的行政案件中，对于恶意注册的在后商标，驰名商标所有人可不受五年的时间限制。

（3）在后商标属于复制、摹仿或者翻译在先驰名商标的，也可通过认定驰名商标并直接通过商标侵权诉讼方式解决。

（4）使用无效的商标，超出核定商品的范围或者以改变显著特征、拆分、组合等方式使用在后商标的，可直接通过商标侵权诉讼方式解决，如两者涉及商品或服务不相同或不近似的，需以认定驰名商标为前提。

（二）类型化的案例汇编

1.将在先商标在相同、近似的类别上注册在后商标，可通过商标授权确权行政纠纷程序解决

我国法律规定商标权的取得采用商标注册核准制度，商标注册需由主管部门即国家知识产权局评审，评审通过并公告后，注册人方可取得商标专用权。对于同他人在同一种商品或者类似商品上已经注册的或者初步审定的商标相同或者近似的，由商标局驳回申请。对于核准注册的商标，如属于同他人在同一种商品或者类似商品上已经注册商标相同或者近似的，自商标注册之日起五年内，可以请求商标评审委员会宣告该注册商标无效。对恶意注册的在后商标，驰名商标所有人不受五年的时间限制，以确保商标制度的统一性。

案例1 第33255177号"橙米CNMI"商标异议案[1]

被异议商标第33255177号：橙米CNMI

引证商标第32028118号、第10674961号：mi

泉州广玉公司在第7类"搅拌机；制食品用电动机械；熨衣机；厨房用电动机器"等商品上注册被异议商标。在法定公告期内，小米公司以被异议商标与引证商标构成相同或类似商品上的近似商标为由，对被异议商标提起了商标异议申请。国家知识产权局评审认为，双方商标指定使用商品属于同一种或类似商品，引证商标设计独特，具有独创性，经长期使用和广泛宣传，具有了一定的知名度，被异议商标完整包含异议人具有独特设计的引证商标，被异议人主观上具有摹仿异议人在先知名商标，不正当借助异议人商誉的

---

[1] 国家知识产权局，2020年度商标异议、评审典型案例，网址：https://www.cnipa.gov.cn/art/2021/4/29/art_2585_159039.html，最后访问日期：2024年7月3日。

意图，此种意图更易增加双方商标在市场上混淆的可能性。故双方商标构成使用在同一种或类似商品上的近似商标，裁定被异议商标不予注册。

案例2 广州虎牙公司与国家知识产权局涉"虎牙直播Huya.com"商标无效宣告请求行政纠纷案[1]

诉争商标第15762111号：虎牙直播 Huya.com

引证商标第8182425号：虎牙

诉争商标由广州华多公司于2014年11月21日申请注册，于2018年1月27日转让至广州虎牙公司名下，并于2018年8月21日获准注册，核对使用类别为（第35类）：广告；广告空间出租；在通讯媒体上出租广告时间等。杭州虎牙公司引证商标于2011年4月21日获准注册，核对使用类别为（第35类）：广告策划。杭州虎牙公司以引证商标为权利基础，向国家知识产权局请求宣告诉争商标无效。国家知识产权局认为诉争商标在"广告、广告空间出租、在通讯媒体上出租广告时间、广告代理、广告片制作"服务上注册违反《商标法》（2013年修正）第30条规定，裁定诉争商标在诉争服务上以无效宣告，在其余服务上予以维持。广州虎牙公司不服，向北京知识产权法院提起行政诉讼，北京知识产权法院同样认定诉争商标完整包含引证商标，难以形成明显区别于引证商标的其他含义，二者构成近似标识。且诉争商标核定使用的诉争服务与引证商标核定的服务，在服务的目的、内容、方式和对象等方面十分相近，构成类似服务。若两者共存于市场上，容易使相关公众产生混淆或误认。法

---

[1] 参见北京知识产权法院（2021）京73行初1492号行政判决书、北京市高级人民法院（2021）京行终8919号行政判决书。

院认定诉争商标核定使用在诉争服务上，与引证商标构成使用在同一种或类似服务上的近似商标，并维持了国家知识产权局的裁定，后北京市高级人民法院在二审审理中同样维持一审判决。

2.将在先商标在不相同或不近似的类别上注册在后商标，可以认定驰名商标的方式通过商标授权确权行政纠纷程序解决

作为商标的特殊情形，驰名商标在法律保护上具有特殊性，主要可分为未在中国注册的驰名商标和在中国注册的驰名商标。未在中国注册的驰名商标，其商标权可规制在相同或者类似商品上复制、摹仿或者翻译他人未在中国申请注册的驰名商标的行为。在中国注册的驰名商标，不仅在相同或者类似商品上享有权利，还能对在不相同或者不相类似商品上复制、摹仿或者翻译他人已经在中国注册的驰名商标的行为进行规制。

（1）未注册驰名商标认定的案例。

案例3 利丰公司与原国家工商行政管理总局商标评审委员会涉"酷狗"商标权无效宣告请求行政纠纷案[1]

诉争商标第7583066号：KuGou
引证商标一第4782078号：酷狗 KUGOU.COM
引证商标二第5395391号：KuGoo

诉争商标由利丰公司于2009年7月30日提出注册申请，核定使用在第41类（4101-4105；4107）的"培训；安排和组织音乐会；流动图书馆；图书出版；节目制作；娱乐；提供卡拉OK服务；夜总

---

[1] 参见丁文严：《知识产权案件裁判规则（二）：商标授权确权裁判规则》，法律出版社2021年版，第117页；北京知识产权法院（2016）京73行初2208号行政判决书、北京市高级人民法院（2017）京行终248号行政判决书。

会；健身俱乐部；为艺术家提供模特"等服务上，商标专用权期限自2011年12月7日起至2021年12月6日止。酷狗公司注册引证商标一于2009年2月14日获准注册，核定使用服务为第42类（4207；4216-4218；4220）的"计算机编程；主持计算机站（网站）；替他人创建和维护网站；包装设计；计算机软件维护；计算机硬件咨询；知识产权许可；版权管理；室内装饰设计；服装设计"。引证商标二于2006年6月5日向商标局提出注册申请，2010年4月14日获准注册，核定使用服务为第42类（4209）的"技术研究；研究与开发（替他人）"服务。2014年11月21日，酷狗公司针对争议商标向商标评审委员会提出无效宣告申请。

商标评审委员会裁定认为，酷狗公司提交的证据可以证明，截至争议商标申请注册之时，"酷狗"未注册商标已为相关公众所熟知，构成使用在第41类"提供在线音乐（非下载）"服务上的未注册驰名商标。争议商标核定使用的"娱乐；提供卡拉OK服务"等服务与酷狗公司"酷狗"商标据以驰名的"提供在线音乐（非下载）"服务在功能用途、销售渠道、消费群体等方面有一定的关联性。争议商标的注册和使用客观上可能会导致公众认为冠以该商标的服务来源于酷狗公司或与之有关联，从而导致混淆，已构成《商标法》（2001年修正）第13条第1款所指情形，裁定争议商标予以无效宣告。利丰公司向北京知识产权法院提起行政诉讼。北京知识产权法院认为本案中已经通过《商标法》（2001年修正）第31条对酷狗公司的"酷狗"商标在"提供在线音乐（非下载）"服务上予以保护，已无认定其商标在该服务上是否驰名的必要性，对酷狗公司请求认定其"酷狗"商标在"提供在线音乐（非下载）"服务上构成未注册驰名商标的主张不予支持。酷狗公司不服一审判决，提起二审上诉。北京市高级人民法院认定，在争议商标申请前"酷狗"

商标在"提供在线音乐（非下载）"服务上已经达到广为公众知晓的驰名程度，属未注册的驰名商标。争议商标核定使用的"培训；流动图书馆；图书出版；健身俱乐部；为艺术家提供模特"5项服务与"提供在线音乐（非下载）"同属第41类服务，在服务内容等方面存在一定的关联，利丰公司注册争议商标具有借用酷狗公司在"提供在线音乐（非下载）"服务上未注册驰名商标商誉的故意，并改判撤销北京知识产权法院一审判决，支持酷狗公司提出的未注册驰名商标的认定请求。

（2）注册驰名商标跨类评审的案例。

案例4 加加食品公司与国家知识产权局涉"力口力口"商标无效宣告请求行政纠纷案[1]

诉争商标第33302313号：力口力口

引证商标第3236518号：加加

诉争商标由加加电器公司于2018年9月4日申请注册，指定使用在第11类"厨房用抽油烟机；热气装置；冲水槽"等商品上。加加食品公司以诉争商标构成在不同或不近似的商品类别上抄袭和摹仿引证商标驰名商标为由，向国家知识产权局提起诉争商标无效宣告请求。国家知识产权局裁定诉争商标予以维持，后加加食品公司向北京知识产权法院提起了商标无效宣告请求行政纠纷。北京知识产权法院认为引证商标在酱油商品进行了持续、广泛的宣传，具有较高的知名度，在诉争商标申请日之前在"酱油"商品上在中国大

---

[1] 参见北京知识产权法院（2019）京73行初4852号行政判决书、北京市高级人民法院（2020）京行终1642号行政判决书。

陆范围内为相关公众广为知晓，构成驰名商标。诉争商标"力口力口"按序组合起来十分形似引证商标"加加"，且具有摹仿引证商标的主观故意心态，诉争商标构成对第3236518号"加加JIAJIA及图"商标的复制、摹仿。法院判决国家知识产权局对诉争商标的无效宣告请求重新作出裁定。

（3）注册驰名商标跨类且不受五年限制的评审案例。

案例5 原国家工商行政管理总局商标评审委员会、超盛公司与耐克公司商标权无效宣告请求行政纠纷案[1]

诉争商标第3275213号：

引证商标第991722号：

诉争商标由超盛公司于2002年8月15日提出注册申请，并于2005年7月14日被核准注册，核定使用在第25类"服装、鞋、袜、领带、腰带"商品上。引证商标于1997年4月28日被核准注册，核定使用在第25类"服装、鞋、帽"商品上。耐克公司于2014年5月23日向商标评审委员会提出无效宣告请求，主要理由为：引证商标使用在第25类"服装"等商品上，已达到驰名程度，诉争商标构成对驰名商标的恶意复制和摹仿。商标评审委员认为耐克公司在案证据不足以全面反映，在诉争商标申请注册前引证商标已具有驰名商标所应有的广泛影响力和知名度，请求缺乏事实依据，不能成立，并裁定诉争商标予以维持。耐克公司不服，向北京知识产权法院提起行政诉讼。北京知识产权法院认定，现有证据能够证明引证商标在"服

---

[1] 参见北京知识产权法院（2015）京知行初字第4577号行政判决书、北京市高级人民法院（2016）京行终4133号行政判决书。

装、鞋、帽"商品上在诉争商标申请注册日之前已达到驰名程度，应被认定为驰名商标。另，北京知识产权法院认为耐克公司提出无效宣告请求虽然超过了五年，但是两者商品构成相同或近似，引证商标为驰名商标，且超盛公司申请注册诉争商标具有主观恶意，宣告诉争商标无效不应受到五年的时间限制，判决商标评审委员会重新作出裁定，后北京市高级人民法院同样予以维持一审判决。

3.在后商标属于复制、摹仿或者翻译在先驰名商标的，可以通过认定驰名商标并直接通过商标侵权诉讼方式解决

关于本冲突类型，涉及在后商标复制、摹仿或者翻译在先驰名商标，除了可通过商标授权确权行政纠纷程序解决，能否直接采用商标侵权的民事手段予以救济，目前尚无明确的法律规定或较为统一的审判意见。甚至，在司法实践中，存在两种完全相反的裁判意见。

在否定性观点中，法院以案件类型属于行政机关处理的争议为由，认定权利人需向有关行政机关申请解决，并裁定不予以受理或驳回权利人的起诉。

《权利冲突司法解释》第1条第2款规定："原告以他人使用在核定商品上的注册商标与其在先的注册商标相同或者近似为由提起诉讼的，人民法院应当根据民事诉讼法第一百二十四条第（三）项的规定，告知原告向有关行政主管机关申请解决。"

（1）法院不予受理的案例。

案例6 好医生公司诉平安公司涉"好医生"商标侵权纠纷案[1]

好医生公司于1998年12月18日成立，经营范围包括保健食品、

---

1 参见成都市中级人民法院（2018）川01民初1608号民事判决书、四川省高级人民法院（2019）川知民终字154号民事判决书。

片剂、口服液等商品的生产、销售等。权利商标第1908463号"好医生"商标于2002年9月21日核准,核准注册在第5类"轻便药箱（已装药的）；人用药；食用植物纤维（非营养性）；药茶；医药用洗液；医用保健袋；医用生物制剂；医用营养品；医用营养食物；医用营养添加剂（商品截止）"商品上,好医生公司于2004年10月21日继受商标权。

平安公司于2014年8月20日注册成立,经营范围包括健康管理、健康管理咨询、企业管理咨询、保健食品销售等。中国平安保险公司分别注册取得4件"好医生及图"组合的商标,商标核准范围包括第35类"为商品和服务的买卖双方提供在线市场""药用、兽医用、卫生用制剂和医疗用品的零售或批发服务"商品以及第44类"医药咨询……远程医学服务……健康咨询……饮食营养指导"等服务。2017年12月15日,中国平安保险公司出具"授权证明函",将上述相关商标授权给平安公司使用。

好医生公司以平安公司在网页、"平安好医生手机App"等媒介上使用"平安好医生""好医生"等标识,且同时在销售药品、医疗服务上使用"平安好医生""好医生"标志,构成侵权第1908463号"好医生"驰名商标为由,提起商标侵权诉讼。

本案中,好医生公司认为平安公司有两个侵权行为,一是平安公司擅自在其网页、手机App上标注"平安好医生""好医生"图文标识的行为,二是平安公司在其官网、手机App启动及登录界面等位置上使用的"平安好医生及图"被控侵权标识的行为,两侵权行为均构成侵害涉案商标权及企业名称权的行为,应承担停止侵权、赔偿损失等民事责任。

关于平安公司使用被控标识的行为是否构成侵权,成都市中级人民法院认为,从服务种类上看,"平安好医生App"主要提供健康管理、医疗咨询、健康资讯、预约挂号、在线购药等服务，从普通健康信息推送到个人诊断信息获取，从线上疾病保健咨询到医疗辅助服务供给，核心在于疾病治疗、健康维护。"平安好医生App"及其官网以及其背后的上述服务，并没有超出平安公司名下商标所核定使用的服务种类，即第44类商标核准的"饮食营养指导""医药咨询""健康咨询""远程医学服务""药用、兽医用、卫生用制剂和医疗用品的零售或批发服务"等。平安公司在其"平安好医生App"及官网上使用被控标识，源于商标的使用许可。根据《权利冲突司法解释》第1条第2款的规定，应就被控标识与涉案商标之间的争议向相关行政主管机关申请解决，法院对此不予审查。四川省高级人民法院同样认定，涉案商标与被控标识之间的争议应当根据《权利冲突司法解释》第1条第2款的规定，向行政主管机关申请解决。

在另一种肯定性观点中，法院以案件属于民事纠纷为由予以受理，并以认可商标驰名为前提，作出裁判。

《驰名商标保护解释》第11条规定："被告使用的注册商标违反商标法第十三条的规定，复制、摹仿或者翻译原告驰名商标，构成侵犯商标权的，人民法院应当根据原告的请求，依法判决禁止被告使用该商标，但被告的注册商标有下列情形之一的，人民法院对原告的请求不予支持：（一）已经超过商标法第四十五条第一款规定的请求宣告无效期限的；（二）被告提出注册申请时，原告的商标并不驰名的。"以及《知产审判意见》第10条："妥善处理注册商标、企业名称与在先权利的冲突，依法制止'傍名牌'等不正当竞争行为……被诉侵权商标虽为注册商标，但被诉侵权行为是复制、摹仿、翻译在先驰名商标的案件，人民法院应当依法受理。"

（2）法院受理并作出裁判的案例（不相同或不近似类别认定驰名商标的案例）。

案例7 洋河酒厂诉汤某民、发洋公司等涉"洋河"商标侵权纠纷案[1]

  洋河酒厂成立于2002年12月27日，经营范围为白酒的生产、销售，预包装食品的批发与零售，粮食收购，国内贸易等。江苏洋河集团于2000年11月7日获准注册第1470448号"洋河"商标，核定使用商品为第33类的葡萄酒、果酒（含酒精）、开胃酒、蒸馏酒精饮料、蒸馏饮料、含酒精果子饮料、含水果的酒精饮料、蒸煮提取物（利口酒和烈酒）、白兰地等。洋河酒厂于2004年1月14日受让取得该商标。商标局于2002年3月12日认定该商标为驰名商标。

  汤某民分别在第29类商品核准注册了第5540137号、第12356049号、第5540136号、第14639125号"洋河Yanghe"商标。汤某民签署"商标使用许可授权书"，将上述商标许可给丹胜公司使用，生产、销售的商品为牛奶饮料、茶饮料、咖啡饮料。本案涉及被控侵权产品椰汁牛奶饮料的外包装箱及包装瓶正面均印有"洋河Yanghe"商标，显示"授权方发洋公司，被委托方他能量公司，运营商丹胜公司及生产销售"等信息。

  洋河酒厂以被控侵权产品椰汁牛奶饮料使用了"洋河"驰名商标为由，提起侵权诉讼。被告汤某民、发洋公司等均抗辩被控侵权产品上使用的"洋河Yanghe"标识系汤某民合法注册有效的商标，不构成侵权。

  江苏省高级人民法院及最高人民法院审理认为，洋河酒厂"洋

---

[1] 参见江苏省高级人民法院（2017）苏民终1781号民事判决书、最高人民法院（2018）最高法民申2469号民事判决书，本案系2018年江苏法院知识产权司法保护十大案例。

河"商标在第33类上构成驰名商标，该商标核准使用的商品类别与被控侵权产品既不相同也不类似，而被控侵权产品上的标识"洋河Yanghe"与驰名商标"洋河"构成近似，容易造成混淆，构成商标侵权。另外，法院认为被告汤某民在明知"洋河"商标知名度和影响力的情况下，没有合理避让，仍选择将"洋河"驰名商标的主体部分注册商标，具有"傍名牌"的故意，其关于被控侵权"洋河Yanghe"标识系其得到合法授权的注册商标的抗辩不成立。

（3）法院受理并作出裁判的案例（在相同或近似类别认定驰名商标的案例）。

案例8 爱慕公司诉艾慕公司涉"爱慕"驰名商标侵权纠纷案[1]

爱慕公司于1981年10月13日成立，于1992年1月11日申请注册第627055号"爱慕"商标，1993年1月20日获准注册，核定使用在第25类"服装"商品。于2003年7月21日申请注册第3641595号"爱慕"商标，2006年2月14日获准注册，核定使用在第25类"服装；内衣；游泳衣；鞋；袜；帽；围巾；婴儿全套衣；皮带（服饰用）；手套（服装）"商品上。于2007年12月9日申请注册第6446516号"Aimer"商标，2010年5月28日获准注册，核定使用在第25类"服装；内衣；婴儿全套衣；游泳衣；防水服；舞衣；体操服；鞋（脚上的穿着物）；帽；袜；手套（服装）；披肩；腰带；服装绶带；浴帽；睡眠用眼罩；婚纱"商品上。

---

[1] 参见北京知识产权法院（2017）京73民初1741号民事判决书、北京市高级人民法院（2020）京民终194号民事判决书。

艾慕公司成立于2015年10月12日，法定代表人周某泽。周某泽于2016年5月27日申请注册第20108717号"AiMU艾慕"商标，于2015年5月27日受让第3862068号"AIMU艾慕"商标，商标核定使用在"服装、婴儿全套衣、游泳衣"等商品上。

爱慕公司以艾慕公司使用"艾慕"企业字号，以及在内衣商品上使用"AiMU艾慕""AIMU艾慕"侵权标志，构成对"爱慕"和"Aimer"驰名商标的侵犯，提起侵权诉讼。

北京知识产权法院和北京市高级人民法院均认为，在案证据足以证明爱慕公司"爱慕"和"Aimer"商标在内衣商品上属驰名商标。艾慕公司在其网站宣传中使用的"AiMU艾慕""AIMU艾慕"标志构成对爱慕公司已达驰名程度的"爱慕"和"Aimer"商标的摹仿和翻译，足以使相关公众将其与上述驰名商标的商品来源产生误认，或者认为其与上述驰名商标的经营者之间存有某种特定联系，侵害了驰名商标享有的专用权。北京市高级人民法院同时认为，在案证据足以证明"爱慕"商标和"Aimer"商标在侵权商标"AiMU艾慕"商标申请注册前，已经构成使用在内衣商品上的驰名商标，法院有权就爱慕公司针对艾慕公司使用"AiMU艾慕""AIMU艾慕"标志提出的诉讼主张进行审理，艾慕有关其使用被诉标志具有合法授权的抗辩理由，不能成立。

4.使用无效的商标，或超出核定商品的范围或者以改变显著特征、拆分、组合等方式不规范使用在后商标的，可直接通过商标侵权诉讼方式解决；如两者涉及商品或服务不相同或不近似的，需以认定驰名商标为前提

商标专用权应在核定商品或服务范围内使用相同的商标。使用无效的商标，或超出核定商品的范围，或以改变显著特征、拆分、组合等方式使用在后商标的，即代表不规范使用自有商标的违法情形，当然不属于有效使用自有商标的情形。如该使用的方式与在先商标构成相同或近似，且足以使相关公众对商品来源产生误认，或者足以使相关公众认为两者之间存有某种特定联系，则构成商标侵权。

（1）使用无效的商标的案例。

案例9 JUKI株式会社诉巨凯公司涉"JUKAI"商标侵权纠纷案[1]

JUKI株式会社于1943年9月3日成立于日本，经营范围为缝纫机械的制造或销售，分别在第7类包括缝纫机等商品上注册有多件"JUKI"商标。且"JUKI"商标在"缝纫用机器、部件零件"商品上于2018年被北京市高级人民法院认定为驰名商标。

巨凯公司成立于2007年7月，经营范围为缝纫机械及配件制造、销售等，曾在第7类包括商品缝纫机、工业缝纫机台板等商品上注册有多件"JUKAI"商标。后，该系列"JUKAI"商标均分别因连续三年不使用被撤销或在"缝纫机、工业缝纫机台板；熨衣机；裁布机"等商品上被宣告无效。

JUKI株式会社以巨凯公司在缝纫机上使用侵权标识"JUKAI"，并生产、出口销售含有该侵权标识的产品构成对其"JUKI"商标侵权为由，提起侵权诉讼。巨凯公司以合法使用自有的"JUKAI"商标为由抗辩。

上海市浦东新区人民法院及上海知识产权法院均认为，巨凯公司名下"JUKAI"商标在缝纫机等产品上的注册经北京市高级人民法院（2018）京行终5382号行政判决予以无效，其商标专用权视为自始不存在，其实施的行为是否构成商标侵权，不再需要考虑其

---

[1] 参见上海市浦东新区人民法院（2020）沪0115民初85435号民事判决书、上海知识产权法院（2022）沪73民终187号民事判决书。

注册商标专用权的情况。巨凯公司在线上、线下经营活动中使用"JUKAI"标识起到了识别服务来源的功能，且两者整体上近似，构成近似商标，容易导致消费者对商品和服务来源产生混淆，构成商标侵权。

（2）超出核定商品范围使用商标的案例。

案例10 上海老凤祥公司诉深圳百年凤祥公司、刘某清涉"老凤祥"商标侵权纠纷案[1]

上海老凤祥公司于1996年4月19日成立，经营范围为金银制品、珠宝、钻石等，在第14类包括珠宝、首饰等商品上注册有多件"老凤祥"商标，且"老凤祥"品牌在中国享有极高的知名度和美誉度。深圳百年凤祥公司于2011年12月13日成立，刘某清于2013年6月20日成立个人珠宝店。深圳市多利公司的法定代表人为刘某清，经核准注册取得第9662566号"百年凤祥"商标，核定使用商品（第14类）：贵重金属合金；首饰盒；手表（截止）。深圳市多利公司于2012年3月分别授权深圳百年凤祥公司、刘某清珠宝店使用第9662566号"百年凤祥"商标。

上海老凤祥公司以深圳百年凤祥公司和刘某清在经营场所突出使用、在戒指上商品及包装等商业活动中使用"百年凤祥"构成商标侵权为由，提起侵权诉讼。

深圳市中级人民法院、广东省高级人民法院及最高人民法院

---

[1] 参见深圳市中级人民法院（2015）深中法知民初字第1144号民事判决书、广东省高级人民法院（2018）粤民终1923号民事判决书、最高人民法院（2019）最高法民申2825号民事判决书。

均认为，深圳百年凤祥公司虽获得了第9662566号"百年凤祥"商标的使用权，但该注册商标均未在珠宝首饰类商品上核定使用，无权在珠宝首饰类商品上使用"百年凤祥"商标。且侵权标识"百年凤祥"与权利商标"老凤祥"在整体视觉效果上构成近似，使用在同一种或者类似商品上，极易造成相关公众认为两者之间具有特定联系，造成混淆误认，认定构成商标侵权。深圳百年凤祥公司在经营场所突出使用、在商品包装及广告宣传等商业活动中使用"百年凤祥"，刘某清珠宝店在戒指上使用"百年凤祥""LFX"，在商品包装及广告宣传等商业活动中使用"百年凤祥"均构成商标侵权。

（3）以改变显著特征方式使用商标的案例。

案例11 斯凯杰公司诉斯哌纹奇公司、博海公司涉"S"商标侵权纠纷案[1]

原告斯凯杰公司为一家美国专业生产运动鞋类品牌的公司，其于1992年创立"SKECHERS"（斯凯奇）系列鞋类品牌。斯凯杰公司名下注册含有"S"系列的注册商标，包括第G984878号 商标、第G1201035号 商标、第10426651号 商标，上述商标核定使用范围均为第25类"鞋类"商品。

被告博海公司于2015年1月8日注册第13306821号 商标，核定使用范围为第25类"鞋类"商品。博海公司于2015年9月将上述商标授权给被告斯哌纹奇公司使用，用于其生产、销售的鞋类商品。

斯凯杰公司以斯哌纹奇公司生产、销售的鞋类商品上使用的侵

---

[1] 参见福建省泉州市中级人民法院（2016）闽05民初383号民事判决书、福建省高级人民法院（2017）闽民终511号民事判决书。

权标识与其权利商标构成高度近似为由，提起侵权诉讼。

福建省泉州市中级人民法院认为，斯哌纹奇公司生产、销售的鞋类商品上使用的标识是经过博海公司第13306821号商标的授权，该商标目前处于有效期内，且在鞋子上使用的标识与该商标标识一致，无改动或变动，不存在违规之处，不构成侵权。福建省高级人民法院在二审中认为，斯哌纹奇公司虽获得商标许可，但在实际使用中，通过故意淡化商标盾形背景及右上角三个小点等方式，如将盾形背景与右上角三个小点与鞋面颜色混同，突出与权利商标近似的"S"标识，与权利商标构成商标近似，其行为构成商标侵权。

（4）以拆分、组合方式使用商标的案例。

案例12 赛曼公司、名创优品公司诉优宿公司、魏某等涉"名创优品"商标侵权纠纷案[1]

赛曼公司名下注册有系列"名创优品"商标，其中包括于2013年11月25日注册的第13604462号 商标及2014年6月6日注册的第14589119 商标，核定商品分别在第35类"广告、商业管理顾问；商业管理和组织咨询；特许经营的商业管理；市场营销；替他人采购（替其他企业购买商品或服务）；替他人推销；进出口代理；为零售目的在通讯媒体上展示商品；医疗用品零售或批发服务"等服务。名创优品公司于2017年12月12日经赛曼公司许可，获得授权合法使用权利商标。

魏某于2014年1月2日申请注册第13844017号**优宿優品**商标及

---

[1] 参见北京知识产权法院（2019）京73民初765号民事判决书、北京市高级人民法院（2021）京民终820号民事判决书。

2014年3月4日申请注册第14106857号USUPSO商标,两商标均核准在第35类"计算机网络上的在线广告;广告;广告空间出租;为零售目的在通讯媒体上展示商品"等服务上。

赛曼公司、名创优品公司以优宿公司、魏某在经营同类店铺上使用的侵权标识与其权利商标构成近似为由,提起侵权诉讼。

北京知识产权法院和北京市高级人民法院均认为,优宿公司、魏某使用侵权标识不属于其对注册商标的正当使用。被诉侵权标识与魏某名下的注册商标均存在显著区别,属于将其USUPSO商标拆分为"USUP""SO"并添加笑脸图形,再和优宿优品商标组合使用,且在排列方式、排列位置上刻意靠近权利商标的外观和整体视觉效果,构成商标侵权。

(5)不规范使用构成对驰名商标侵权的案例。

案例13 百度公司诉亿百度公司、孙某明、名家百度烤肉店等涉及"百度"驰名商标侵权纠纷案[1]

百度公司于2000年1月18日成立,经营范围包括开发、生产计算机软件等,注册包括第1579950号和第5916521号"百度"商标,核定在第42类商品包括提供互联网搜索引擎服务等。

亿百度公司于2009年8月11日成立,并于2010年11月6日受让取得第5317262号"亿百度"商标,核定在第43类商品包括快餐馆等服务上。亿百度公司授权孙某明、名家百度烤肉店开设加盟店,并在经营活动中使用"百度烤肉专门店"等相关标识。

百度公司以众被告在店铺经营中使用侵权标识"百度"构成对其

---

1 参见深圳市中级人民法院(2013)深中法知民初字第348号民事判决书。

"百度"驰名商标的侵权为由，提起侵权诉讼。

深圳市中级人民法院认为，百度公司享有的"百度"商标，在亿百度公司成立之前已经为中国境内相关公众广为知晓，属于驰名商标。各被告在烤肉店店名牌匾上突出使用"百度"字样，与权利商标"百度"标识相同，且两者商品类别既不相同，也不类似，破坏了百度商标与核定商品之间的直接密切联系，减弱了"百度"商标的显著性，构成对驰名商标的侵犯。另外，又因亿百度公司实际使用"百度"文字与其商标"亿百度"明显存在区别，其合法的权利来源抗辩不成立。

二、在先商标与在后商号的权利冲突

（一）解决权利冲突的现行法律依据及适用

1. 现行法律依据

在先商标权与在后商号的冲突，是商标侵权纠纷及不正当竞争侵权纠纷民事案件中最常见的冲突类型，涉及的司法案例众多，包括多件最高人民法院再审裁判的指导性案例，且有明确的法律法规及司法解释予以支持，已形成较为成熟且统一的司法审判裁判思路及裁判要旨。

（1）商标侵权纠纷。

《商标法》第57条规定："有下列行为之一的，均属侵犯注册商标专用权：……（七）给他人的注册商标专用权造成其他损害的。"

《商标纠纷解释》第1条规定："下列行为属于商标法第五十七条第（七）项规定的给他人注册商标专用权造成其他损害的行为：（一）将与他人注册商标相同或者相近似的文字作为企业的字号在相同或者类似商品上突出使用，容易使相关公众产生误认的……"

（2）不正当竞争侵权纠纷。

《商标法》第58条规定："将他人注册商标、未注册的驰名商标作为企业名称中的字号使用，误导公众，构成不正当竞争行为的，依照《中华人民共和国反不正当竞争法》处理。"

《反不正当竞争法》第2条规定："经营者在生产经营活动中，应当遵循自愿、平等、公平、诚信的原则，遵守法律和商业道德。本法所称的不正当竞争行为，是指经营者在生产经营活动中，违反本法规定，扰乱市场竞争秩序，损害其他经营者或者消费者的合法权益的行为。本法所称的经营者，是指从事商品生产、经营或者提供服务（以下所称商品包括服务）的自然人、法人和非法人组织。"

《反不正当竞争法》第6条规定："经营者不得实施下列混淆行为，引人误认为是他人商品或者与他人存在特定联系：……（四）其他足以引人误认为是他人商品或者与他人存在特定联系的混淆行为。"

（3）驰名商标认定及保护。

《商标法》第13条规定："为相关公众所熟知的商标，持有人认为其权利受到侵害时，可以依照本法规定请求驰名商标保护。就相同或者类似商品申请注册的商标是复制、摹仿或者翻译他人未在中国注册的驰名商标，容易导致混淆的，不予注册并禁止使用。就不相同或者不相类似商品申请注册的商标是复制、摹仿或者翻译他人已经在中国注册的驰名商标，误导公众，致使该驰名商标注册人的利益可能受到损害的，不予注册并禁止使用。"

《商标纠纷解释》第1条规定："下列行为属于商标法第五十七条第（七）项规定的给他人注册商标专用权造成其他损害的行为：……（二）复制、摹仿、翻译他人注册的驰名商标或其主要部分在不相同或者不相类似商品上作为商标使用，误导公众，致使该驰名商标注册人的利益可能受到损害的……"

《驰名商标保护解释》第2条规定："在下列民事纠纷案件中，当事人以商标驰名作为事实根据，人民法院根据案件具体情况，认为确有必要的，对所涉商标是否驰名作出认定：……（二）以企业名称与其驰名商标相同或者近似为由，提起的侵犯商标权或者不正当竞争诉讼……"

2.法律适用分析

根据现有法律及司法实践，可将上述法律规定所适用的法律关系或案由拆分为如下两种类型：

（1）将在先商标作为企业名称中的字号使用，误导公众。

这种情况可通过不正当竞争侵权纠纷解决，如在先商标核定类别与在后商号的企业经营业务范围不相同或不近似的，需以认定驰名商标为前提。

（2）将与在先商标相同或者相近似的文字作为企业的字号在相同或者类似商品上突出使用，容易使相关公众产生误认。

这种情况可通过商标侵权民事纠纷解决，如在先商标核定类别与在后商号的企业经营业务范围不相同或不近似的，需以认定驰名商标为前提。

（二）类型化的案例汇编

1.将在先商标作为企业名称中的字号使用，误导公众的，可通过不正当竞争侵权纠纷解决

（1）字号注册构成不正当竞争的案例。

案例14 兰州佛慈公司诉西安佛慈公司涉"佛慈"不正当竞争侵权纠纷案[1]

> 兰州佛慈公司成立于1929年，经营范围包括中成药、西药、中药饮片及包装品的生产、批发零售等，于1996年4月21日注册第832016号"佛慈"商标，经过多年经营，先后荣获国家首批"中华老字号""中国驰名商标"等荣誉称号。西安佛慈公司成立于2006年，并以该企业名称生产、销售药品制剂。
>
> 西安市中级人民法院审理认为，兰州佛慈公司的企业字号和"佛慈"注册商标，具有较强的影响力和显著性。西安佛慈公司对其企业字号中使用"佛慈"字样的原因及合理性说明信服力显然不足，对"佛慈"字号的使用会导致相关消费者误认为两者属关联企

---

[1] 参见西安市中级人民法院（2020）陕01知民初892号民事判决书。

业，或存在其他密切特定联系，从而导致误认和混淆，构成不正当竞争侵权，并判决更改其企业名称。

（2）字号注册构成驰名商标类不正当竞争的案例。

案例15 阿里巴巴集团、天猫公司诉广东天猫投资集团有限公司、广州天猫化妆品有限公司、周某文等涉"天猫"侵权纠纷案[1]

阿里巴巴集团是全球知名的网上及移动商务公司，设立并运营了淘宝网、天猫等网上购物平台，天猫公司系阿里巴巴集团的下属公司，主要负责天猫平台的管理和运营。

阿里巴巴集团于2012年12月21日在第35类注册第10130978号"天猫"商标，核定服务包括广告，商业管理辅助，商业信息，替他人推销，组织商业或广告交易会等；于2013年4月28日在第35类注册第10583558号"天猫及图"商标，核定服务包括广告，商业管理辅助，商业信息，替他人推销，组织商业或广告交易会等。阿里巴巴集团将上述商标授权给天猫公司使用。

周某文自2015年至2017年期间，以"天猫"用作企业字号，注册17家不同业务领域的公司，具体包括广东天猫投资集团有限公司、广州天猫化妆品有限公司、广州天猫投资有限公司、广州天猫房地产开发有限公司、广州天猫知识产权事务所有限公司、广州天猫珠宝有限公司、广州天猫生物科技有限公司、广州天猫品牌管理有限公司、广州天猫药业科技有限公司、广州天猫供应链管理有限公司、广州天猫电器有限公司、广州天猫餐饮管理有限公司、广州天猫农业科技有限公司、广州天猫通讯技术有限公司、广州天猫食

---

[1] 参见杭州市中级人民法院（2017）浙01民初1681号民事判决书。

品有限公司、广州天猫工商财税代理有限公司、广州天猫环保科技有限公司。同时，以"天猫"名义在各类商业领域开展商业经营。

杭州市中级人民法院认为，权利商标第10130978号"天猫"商标核定类别在第35类包括广告、商业管理辅助、商业信息、替他人推销、组织商业或广告交易会等，而17家被告公司的经营范围涵盖投资、化妆品、房地产、知识产权代理、珠宝、生物科技、品牌管理、药业科技、供应链、电器、餐饮管理、农业科技、食品、通信技术、环保科技、工商财税代理等多个领域，两者核定使用服务范围既不相同也不类似。在被诉不正当竞争行为发生时，权利商标"天猫"商标已与其提供的电商平台服务紧密地联系在一起，获得了广泛的公众知晓度，在第35类替他人推销等服务上认定为驰名商标。众被告使用的"天猫"字号与权利商标第10130978号"天猫"商标完全相同，且无合理依据，存在明显的主观恶意，足以使相关公众认为其与权利商标"天猫"驰名商标具有相当程度的联系，减弱了原告"天猫"驰名商标的显著性，贬损其市场声誉，构成不正当竞争侵权，判决众被告停止在商业活动中使用"天猫"字号，并变更企业名称，且变更后的企业名称不得包含"天猫"字样。

2.将与在先商标相同或者相近似的文字作为企业的字号在相同或者类似商品上突出使用，容易使相关公众产生误认的，可通过商标侵权民事纠纷解决

（1）突出使用字号构成商标侵权的案例。

案例16 梁某、卢某坚诉安徽采蝶轩公司、合肥采蝶轩公司等涉"采蝶轩"侵权纠纷案[1]

梁某、卢某坚于2003年至2012年期间，受让或注册取得系列含有"采蝶轩"字样的权利商标"采蝶轩文字及图"，核定商品包括第30类咖啡、茶、蛋糕面粉等以及第42类餐馆、快餐馆、咖啡馆等。上述权利商标均许可他人使用，且获得广东省著名商标等荣誉奖项。

安徽采蝶轩公司最早成立于2000年6月，经营范围包括糕点生产、销售，企业管理咨询服务、酒店管理咨询服务、物业管理等。其企业名称相继变更为合肥采蝶轩蛋糕有限公司、安徽采蝶轩蛋糕有限公司和采蝶轩集团公司。

合肥采蝶轩公司成立于2005年11月22日，经营范围包括企业管理咨询服务、酒店管理咨询、物业管理、食品、饮料、酒水销售、化妆品、百货、服装、鞋帽销售，预包装（散装）食品等。

梁某、卢某坚以众被告使用"采蝶轩"企业字号、在店铺门头标有"采蝶轩"字样、在食品外包装标有"采蝶轩"文字及标有"安徽采蝶轩公司出品""合肥采蝶轩公司"等经营信息构成侵权为由，提起侵权诉讼。

二审法院审理认为，安徽采蝶轩公司、合肥采蝶轩公司对"采蝶轩"标识具有在先使用的权利，将"采蝶轩"注册为企业字号并在经营中使用与"采蝶轩"有关的商业标识，主观上不存在攀附他人商标及商誉的意图，亦不存在"搭便车""傍名牌"的主观恶意情形。而且梁

---

[1] 参见合肥市中级人民法院（2012）合民三初字第00163号民事判决书、安徽省高级人民法院（2013）皖民三终字第00072号民事判决书、最高人民法院（2015）民提字第38号民事判决书。

某、卢某坚虽作为涉案注册商标权人,其实际并不使用涉案注册商标,亦并非直接经营食品烘焙行业的市场主体,与作为法人的众被告之间并不具有经营同类商品或服务的关系,并不存在特定、具体的竞争关系,不符合提起不正当竞争之诉的主体要件,判决驳回其请求。

最高人民法院再审认为,众被告生产、销售的面包产品及经营的面包店铺与权利商标核准咖啡及咖啡馆构成类似商品或服务,而且在产品上及门店上突出使用的"采蝶轩"企业字号标识与权利商标"采蝶轩"注册商标在文字、读音、含义上相同,二者在视觉上基本无差别,易使相关公众误认产品来源或者两者存在特定的联系。众被告虽注册"采蝶轩"企业字号,但在实际使用中并没有规范使用,而是突出使用其"采蝶轩"企业字号,并使用在与权利商标相同或类似的服务上,容易导致相关公众的混淆误认,众被告提出的使用"采蝶轩"标识是对于其在先注册的企业名称的合理使用抗辩不成立。另外,众被告在2000年将"采蝶轩"注册为企业字号时,权利商标尚没有知名度,即注册"采蝶轩"企业名称的行为没有攀附权利商标的意图,不构成不正当竞争。

(2)突出使用字号构成驰名商标侵权的案例。

案例17 腾讯深圳公司诉山东腾讯文化公司涉"腾讯"侵权纠纷案[1]

腾讯深圳公司于2000年2月成立,经营范围包括计算机软硬件技术开发、销售自行开发的软件等。深圳市腾讯计算机系统有限公司于2003年8月注册取得第1962827号"腾讯"商标,核定商品在第38类,包括信息传送、电话通讯等服务,腾讯深圳公司于2004年4月受

---

1 参见济南市中级人民法院(2018)鲁01民初2104号民事判决书。

让取得该权利商标。

山东腾讯文化公司于2016年9月成立，经营范围包括文化艺术交流活动策划、教育信息咨询、企业管理信息咨询、广告设计制作代理等。

腾讯深圳公司以山东腾讯文化公司在官网上突出使用"腾讯传媒""腾讯百事通"等侵权标识以及使用"腾讯"作为企业字号的行为构成对其"腾讯"驰名商标侵权为由，提起侵权诉讼。

济南市中级人民法院审理认为，权利商标"腾讯"经长期使用，在同行业中名列前茅，达到为相关公众所广为知悉的程度，在第38类信息传送、电话通讯服务上构成驰名商标。山东腾讯文化公司经营的广告领域与权利商标核定的信息传送、电话通讯服务不相同或不类似，其突出使用含有"腾讯"企业字号的"腾讯传媒""腾讯百事通"等侵权标识，削弱了权利商标"腾讯"与权利人腾讯深圳公司的特定联系，构成商标侵权。

3.将与在先商标相同或者相近似的文字作为企业的字号登记，并在相同或者类似商品上突出使用，容易使相关公众产生误认，可通过商标侵权及不正当竞争民事纠纷合并解决

（1）将与在先商标相同或相近似的文字用作字号登记，且突出使用构成商标侵权及不正当竞争的案例。

案例18 海天公司诉威极公司涉"威极"侵权纠纷案[1]

海天公司前身为佛山市海天调味食品公司，成立于2000年4月8日，经营范围包括生产经营调味品、豆制品、食品、饮料、包装材

---

[1] 参见佛山市中级人民法院（2012）佛中法知民初字第352号民事判决书，系2013年最高人民法院八起知识产权司法保护典型案例。

料等。海天公司于1994年2月注册第679197号"威极"商标，核定在第30类包括醋、调味品、酱油等商品，并于2005年3月被认定为广东省著名商标。

威极公司成立于1998年2月，经营范围为加工、销售酿造酱油、酱、调味料（液体）、酿造食醋、配制食醋。海天公司于2011年4月28日注册第1563456号"威极"文字及图形商标，核定商品为第30类的酱油、调味酱、蚝油、调味酱油、调味品等。

海天公司以威极公司使用"威极"用作企业字号以及在广告牌、企业厂牌商业经营中突出使用"威极"文字构成侵权为由，提起侵权诉讼。

佛山市中级人民法院经审理认为，威极公司在广告牌、企业厂牌商业经营中突出使用"威极"文字，属于将他人注册在先的商标作为企业字号在相同商品上突出使用的行为，且容易造成相关公众误认，侵犯了海天公司"威极"注册商标专用权。而且，威极公司将海天公司注册在先的"威极"商标注册用作企业字号，存在主观恶意，具有攀附权利商标商誉之目的，引起相关公众的混淆或误认，构成不正当竞争侵权。法院判决威极公司停止突出使用"威极"文字及停止使用其带有"威极"字号的企业名称。

案例19 格风公司诉歌丽雅公司等侵害商标权及不正当竞争纠纷案[1]

格风公司成立于2000年9月，注册资本为3303万元，经营范围为纺织服务、服饰业等，其"歌莉娅"品牌曾入选第九届中国最有价值品牌500强，在市场上具有知名度。同时，格风公司在第41类的俱乐部服务（娱乐或教育）、筹划聚会（娱乐）、健身俱乐部等服务

---

[1] 参见广州知识产权法院（2017）粤73民终1045号民事判决书。

上分别核准注册"歌莉娅"和"歌莉娅225概念会所"商标。

歌丽雅公司原名称为阳春市歌莉娅娱乐有限公司，成立于2014年10月，经营范围为卡拉OK。在本案起诉后，该公司经核准变更为现名称。歌丽雅公司在娱乐会所、ktv店铺上，包括广告招牌、店内均突出使用其企业字号"歌莉娅"。

一、二审法院均认定，歌丽雅公司不规范使用自有企业字号"歌莉娅"，并在与"歌莉娅"权利商标核准在类似服务经营中突出使用"歌莉娅"标识，极易导致公众混淆误认，构成对格风公司"歌莉娅"和"歌莉娅225概念会所"商标专用权的侵犯。

（2）在不相同或不近似的类别上，突出使用字号构成驰名商标侵权及不正当竞争的案例。

案例20 景田（深圳）公司诉江苏百岁山公司、江苏康微公司、李某涉"百岁山"侵权纠纷案[1]

景田（深圳）公司前身为深圳市景田食品饮料有限公司，成立于1992年12月8日，经营范围为瓶（罐）装饮用水制造、塑料包装箱及容器制造、机械设备经营租赁、酒、饮料及茶叶批发、预包装食品批发等。周某良于2004年6月7日注册取得第3407468号"百岁山"商标，核定在第32类商品包括不含酒精的果汁饮料、水（饮料）、矿泉水（饮料）、矿泉水、餐用矿泉水、蒸馏水（饮料）、纯净水（饮料）、植物饮料、豆类饮料、制矿泉水配料。景田（深圳）公司于2009年8月7日受让取得该商标。自2014年以来，"百岁山"商

---

[1] 参见苏州市中级人民法院（2019）苏05知初1204号民事判决书、江苏省高级人民法院（2021）苏知终18号民事判决书。

标被多次在矿泉水、水（饮料）等商品上认定为驰名商标。

江苏百岁山公司成立于2009年4月13日，原企业名称为昆山市全速通电子五金有限公司，2018年9月28日变更名称为百岁山净水设备（昆山）有限公司，2019年8月9日变更名称为现公司名称。

江苏康微公司成立于2017年1月24日，经营范围为新型纳米材料科技领域内的技术开发、精密机械设备的研发及销售、家用电器、净水设备及配件、制冷设备、空气净化器的销售等。

江苏康微公司于2019年1月受让取得第11类"百岁山"商标，该商标于2010年9月21日核准注册，核定商品包括灯、空气调节设备、冷却装置和机器；水龙头；卫生器械和设备；消毒设备；饮水机等。国家知识产权局于2020年3月宣告该商标无效。

景田（深圳）公司以江苏百岁山公司使用"百岁山"企业字号以及伙同江苏康微公司共同生产、销售含有"百岁山"侵权标识的净水器、纳滤膜直饮水机、负离子纳米空气净化器侵权产品构成对其"百岁山"驰名商标的侵权为由，提起侵权诉讼。

一审、二审法院经审理均认定，权利商标"百岁山"具有较高的知名度，且经商标评审委员会、各法院生效判决认定为驰名商标，已被相关公众所熟知，在矿泉水、水（饮料）等商品属驰名商标。侵权产品负离子纳米空气净化器与权利商标核准范围不相同或不近似，但使用的"百岁山"标识与权利商标完全相同，系对驰名商标"百岁山"复制、摹仿，足以使相关公众误认，且减弱了驰名商标的显著性，构成对驰名商标"百岁山"的侵权。而且，江苏百岁山公司将"百岁山"作为其公司企业名称字号使用，主观上具有攀附"百岁山"驰名商标商誉的故意，且在经营活动中使用，客观上会导致相关公众误认为两公司之间具有许可使用、关联企业等特定联系，构成不正当竞争。法院判决众被告停止使用"百岁山"侵权标识，且变更"百岁山"企业名称。

三、在先商号与在后商标的权利冲突

（一）解决权利冲突的现行法律依据及适用

1.现行法律依据

涉及在先商号权与在后商标权的冲突，主要体现在商标授权确权行政纠纷和不正当竞争侵权纠纷民事案件中。

（1）商标授权确权行政纠纷。

《商标法》第32条规定："申请商标注册不得损害他人现有的在先权利，也不得以不正当手段抢先注册他人已经使用并有一定影响的商标。"

《商标法》第33条规定："对初步审定公告的商标，自公告之日起三个月内，在先权利人、利害关系人认为违反本法第十三条第二款和第三款、第十五条、第十六条第一款、第三十条、第三十一条、第三十二条规定的，或者任何人认为违反本法第四条、第十条、第十一条、第十二条、第十九条第四款规定的，可以向商标局提出异议。公告期满无异议的，予以核准注册，发给商标注册证，并予公告。"

《商标法》第34条规定："对驳回申请、不予公告的商标，商标局应当书面通知商标注册申请人。商标注册申请人不服的，可以自收到通知之日起十五日内向商标评审委员会申请复审。商标评审委员会应当自收到申请之日起九个月内做出决定，并书面通知申请人。有特殊情况需要延长的，经国务院工商行政管理部门批准，可以延长三个月。当事人对商标评审委员会的决定不服的，可以自收到通知之日起三十日内向人民法院起诉。"

《商标法》第35条第2款规定："商标局做出准予注册决定的，发给商标注册证，并予公告。异议人不服的，可以依照本法第四十四条、第四十五条的规定向商标评审委员会请求宣告该注册商标无效。"

《商标法》第45条第1款规定："已经注册的商标，违反本法第十三条第二款和第三款、第十五条、第十六条第一款、第三十条、第三十一条、第三十二条规定的，自商标注册之日起五年内，在先权利人或者利害关系人可以请求商标评审委员会宣告该注册商标无效。对恶意注册的，驰名商标所有人不受五年的时间限制。"

《商标授权规定》第1条规定："本规定所称商标授权确权行政案件，是指相对人或者利害关系人因不服国家知识产权局作出的商标驳回复审、商标不予注册复审、商标撤销复审、商标无效宣告及无效宣告复审等行政行为，向人民法院提起诉讼的案件。"

（2）不正当竞争侵权纠纷。

《反不正当竞争法》第2条规定："经营者在生产经营活动中，应当遵循自愿、平等、公平、诚信的原则，遵守法律和商业道德。本法所称的不正当竞争行为，是指经营者在生产经营活动中，违反本法规定，扰乱市场竞争秩序，损害其他经营者或者消费者的合法权益的行为。本法所称的经营者，是指从事商品生产、经营或者提供服务（以下所称商品包括服务）的自然人、法人和非法人组织。"

《反不正当竞争法》第6条规定："经营者不得实施下列混淆行为，引人误认为是他人商品或者与他人存在特定联系：……（二）擅自使用他人有一定影响的企业名称（包括简称、字号等）、社会组织名称（包括简称等）、姓名（包括笔名、艺名、译名等）……"

《权利冲突司法解释》第1条第1款规定："原告以他人注册商标使用的文字、图形等侵犯其著作权、外观设计专利权、企业名称权等在先权利为由提起诉讼，符合民事诉讼法第一百一十九条规定的，人民法院应当受理。"

2.法律适用分析

根据现有法律及司法实践，可将上述法律规定所适用的法律关系或案由拆分为如下两种类型：

（1）在先商号有一定的市场知名度，他人将在先商号相同或近似文字注册在后商标，容易导致相关公众混淆，可通过商标授权确权行政纠纷解决。

（2）将有一定影响的在先商号注册为在后商标开展商业活动，引人误认为是他人商品或与他人存在特定联系，可通过不正当竞争侵权纠纷解决。

（二）类型化的案例汇编

1.在先商号具有一定的影响力，他人将在先商号相同或近似文字注册在后商标，容易导致相关公众混淆，可通过商标授权确权行政纠纷解决

下面，介绍两个涉及商号在先权利的商标无效行政诉讼案例。

案例21 家乐氏公司与商标评审委员会、凯洛格公司涉"Kellogg Company"商标异议复审纠纷案[1]

> 家乐氏公司是一家以经营谷类早餐食品著称的国际性公司，1922年公司正式更名为"Kellogg Company"，在中国公众中亦享有很高的知名度。
>
> 被异议商标第4304627号"凯洛格Kellogg Company及图"商标由凯洛格公司于2004年10月11日申请注册，指定使用在第41类学校（教育）、培训、教育信息等服务上，经商标局初步审定并公告后，家乐氏公司提出异议申请，商标局裁定被异议商标予以核准注

---

[1] 参见北京市高级人民法院（2013）高行终字第617号行政判决书。

册。家乐氏公司不服，向商标评审委员会申请复审。商标评审委员会同样裁定被异议商标予以核准注册。家乐氏公司不服，向北京市第一中级人民法院提起商标行政诉讼，北京市第一中级人民法院判决维持商标评审委员会的裁定。家乐氏公司不服，向北京市高级人民法院提起上诉。

北京市高级人民法院经审理认为，申请商标注册不得损害他人现有的在先权利。他人的在先商号权属于上述条款中所述在先权利，但关于是否构成损害他人在先商号权的认定，应以系争商标的注册与使用是否容易导致相关公众产生混淆，致使在先商号权人的利益可能受到损害为要件。本案中，能够证明家乐氏公司在被异议商标注册申请日前已经属于知名企业，具有较高的市场声誉及影响。被异议商标的主要识别部分"Kellogg Company"与家乐氏公司的在先商号权近似程度较高，而且家乐氏公司的企业商誉及影响力足以延伸至被异议商标指定使用的"学校（教育）、培训"等服务领域，具有密切关联，因此被异议商标的注册与使用容易导致相关公众认为其服务来源与家乐氏公司存在特定联系，或源于家乐氏公司的授权，从而产生混淆，使家乐氏公司的利益可能受到损害。

案例22 开滦集团公司诉商标评审委员会、第三人张某彬商标权无效宣告请求行政纠纷案[1]

开滦集团公司针对第三人张某彬申请注册的第5667073号"开滦"商标，以诉争商标侵犯其"开滦"企业字号权、张某彬具有恶意抢注行为且未实际使用诉争商标为由，提出无效宣告请求。商标评审委员会认为，开滦集团公司提供的证据未涉及美容院、公共卫

---

[1] 参见北京知识产权法院（2014）京知行初字第193号行政判决书。

生浴服务，不能证明在诉争商标申请注册之前，开滦集团公司将"开滦"作为商号或商标使用在诉争商标指定的美容院、公共卫生浴服务或与之类似的服务上并具有一定知名度，遂裁定维持争议商标的注册。开滦集团公司不服被诉裁定，向北京知识产权法院提起行政诉讼。

北京知识产权法院审理认为，诉争商标"开滦"的注册损害了开滦集团公司的在先商号权。商标评审委员会对此认定有误，应予以纠正，遂判决撤销商标评审委员会作出的商标无效宣告请求裁定，责令商标评审委员会重新作出裁定。

2.将他人有一定影响的在先商号注册为在后商标开展商业活动，引人误认为是他人商品或与他人存在特定联系，可通过不正当竞争侵权纠纷解决

下面，介绍两个注册商标构成对字号不正当竞争侵权的案例。

案例23 京天红公司诉虎的味蕾公司、刘某雨涉"京天红"商号侵权纠纷案[1]

京天红公司最早源于1995年。北京京天上帝大厨房于1995年3月25日成立，1996年7月30日名称变更为北京京天红酒家，2002年1月21日北京京天红酒家同意齐某兰使用"京天红"字号并改制开设北京京天红酒楼，2007年6月13日北京京天红酒楼授权王某使用"京天红"字号并开设北京京天红食府，2019年4月12日北京京天红食府改制为京天红公司。

刘某雨于2013年12月7日获准注册第30类第11204437号"京天

---

[1] 参见北京市西城区人民法院（2020）京0102民初10062号民事判决书、北京知识产权法院（2021）京73民终726号民事判决书。

红"商标，商品包括炸糕等。刘某雨于2013年12月7日注册取得第35类第11204438号"京天红"商标。后，刘某雨自行使用、授权虎的味蕾公司在炸糕店铺、包装上使用"京天红"商标。

一、二审法院经审理认为，京天红公司承继了历届经营主体所积累的商誉，"京天红"属于有一定影响的企业名称。刘某雨申请注册多件"京天红"商标，自行使用以及授权虎的味蕾公司以及其他主体在"炸糕"商品和炸糕店铺招牌上使用"京天红"商标，具有攀附京天红公司商誉的主观恶意，其行为容易使人误认为是京天红公司的商品或者与其存在特定联系，其行为构成不正当竞争。

案例24 广州红日公司诉江西红日公司、广东智美公司、石某文等涉"红日"商号侵权纠纷案[1]

广州红日公司于1993年4月30日成立，原企业名称为广州市红日燃具公司，经营范围包括制造、加工炊事用具。2001年3月23日，广州市红日燃具公司申请变更名称为广州红日公司。"红日"字号自1993年起使用至今，其经营的"红日"牌厨卫产品在行业内享有盛誉，获得多项荣誉。

石某文曾系广州红日公司员工，其2016年离职后即成立广东智美公司（原名称：睿尚公司）。睿尚公司受让取得第11类"红日e家及图"商标，后又分别在第11类注册了"红日E家""RedSunhome"等商标。睿尚公司自成立后，便开始在第11类燃气灶、抽油烟机、热水器、消毒柜、集成灶产品上使用"红日E家"或"RSE+红日E家"商标，并委托江西红日公司等众被告生产上述侵权产品。

---

[1] 参见2020年度广东省知识产权审判十大案件；广州知识产权法院（2017）粤73民初2239号民事判决书、广东省高级人民法院（2019）粤民终477号民事判决书。

一、二审法院均认为，广州红日公司于2007年在厨电行业已有一定知名度、为相关公众所知悉，"红日"字号具有一定知名度，享有《反不正当竞争法》上的字号权益。广东智美公司明知广州红日公司在先字号"红日"市场知名度，却选择注册、使用与"红日"字号近似的商标，主观上具有攀附"红日"知名度的恶意，客观上容易导致相关公众误认，有违诚信原则和商业道德，构成不正当竞争侵权。且法院认为，商标得以注册并非认定被诉行为构成不正当竞争的阻却事由，即使规范使用了注册商标标识，若有故意构成相关公众混淆误认，攀附他人企业名称知名度的，仍然可以通过《反不正当竞争法》予以制止。

四、在先商号与在后商号的权利冲突

（一）解决权利冲突的现行法律依据及适用

1.现行法律依据

《反不正当竞争法》第2条规定："经营者在生产经营活动中，应当遵循自愿、平等、公平、诚信的原则，遵守法律和商业道德。本法所称的不正当竞争行为，是指经营者在生产经营活动中，违反本法规定，扰乱市场竞争秩序，损害其他经营者或者消费者的合法权益的行为。本法所称的经营者，是指从事商品生产、经营或者提供服务（以下所称商品包括服务）的自然人、法人和非法人组织。"

《反不正当竞争法》第6条规定："经营者不得实施下列混淆行为，引人误认为是他人商品或者与他人存在特定联系：……（二）擅自使用他人有一定影响的企业名称（包括简称、字号等）、社会组织名称（包括简称等）、姓名（包括笔名、艺名、译名等）……"

《权利冲突司法解释》第2条规定："原告以他人企业名称与其在先的企业名称相同或者近似，足以使相关公众对其商品的来源产生混淆，违反反不正当竞争法第六条第（二）项的规定为由提起诉讼，符合民事诉讼法第一百一十九条规定的，人民法院应当受理。"

《权利冲突司法解释》第4条规定："被诉企业名称侵犯注册商标专用权或者构成不正当竞争的，人民法院可以根据原告的诉讼请求和案件具体情况，确定被告承担停止使用、规范使用等民事责任。"

2.法律适用分析

根据现有法律，司法实践认为，侵犯商标专用权构成不正当竞争的，即在先商号权与在后商号权冲突，可适用《反不正当竞争法》予以处理，受侵害的权利人可援引该法律主张自身权利并提起诉讼。

（二）类型化的案例汇编

1.涉及商号之间不正当竞争的案例争点——在先商号权与在后商号权的权利冲突，这类情形主要出现在不正当竞争纠纷民事案件中

案例25 山东起重机厂诉山起重工公司涉"山起"企业名称侵权纠纷案[1]

> 山东起重机厂成立于1968年，以起重机械制造加工为主，其经营范围包括起重机械及配件的设计、制造、安装、咨询、技术服务与销售等业务。山起重工公司成立于2004年2月13日，2004年5月24日获得企业法人营业执照，其经营范围为起重机械、皮带输送机械、石油机械设备制造、销售、安装、维修。
>
> 2004年2月26日，青州市经济贸易局向山东省工商行政管理局发出《关于申请保护山东起重机厂名称的报告》，请求撤销山起重工公司的企业名称，但山起重工公司未变更企业名称。山东起重机厂遂提起侵权诉讼，要求山起重工公司停止使用"山起"字号。
>
> 最高人民法院认为，对于具有一定市场知名度、为相关公众所熟知，并已实际具有商号作用的企业或者企业名称的简称，可以视为企业名称，可以适用1993年《反不正当竞争法》第5条第3项对企业名称保护的规定保护该企业的特定简称。"山起"是山东起重机

---

[1] 参见潍坊市中级人民法院（2006）潍民三初字第36号民事判决书、山东省高级人民法院（2007）鲁民三终字第108号民事判决书。

厂有一定市场知名度的企业简称，山起重工公司仍然在企业名称中使用"山起"作为字号，足以造成相关公众对两家企业产生误认，构成不正当竞争。[1]

2. 将有一定影响的在先商号登记为商号开展商业活动的，引他人误认为是已登记商号或与已登记商号存在特定联系的，可通过不正当竞争侵权之诉解决

案例26 米高梅电影公司、米高梅公司诉深圳米高梅公司涉"米高梅"侵权纠纷案[2]

米高梅集团是20世纪初美国好莱坞八大电影公司之一，投资、制作、发行了大量知名影片，影响力遍及世界。米高梅电影公司于1993年在美国注册成立，于1997年变更为现名称。米高梅公司于1986年在美国注册成立，于1992年变更为现名称。深圳米高梅公司成立于2008年11月17日，经营范围为投资电影院（不含电影放映，具体项目另行申报）、投资影视剧（不含电影放映、制作）、影视设备的研发及销售等，原企业名称为深圳市贤兴数码影院有限公司，于2013年6月17日变更企业名称为现名称。

上海市浦东区人民法院认为，米高梅电影公司、米高梅公司在娱乐业，尤其在电影业，享有很高的知名度和美誉度。"米高梅"字号经过米高梅集团长时间的持续使用和广泛宣传，在娱乐业领域，特别是在电影业内，具有很高知名度，为相关公众所知悉，属

---

1 参见最高人民法院（2008）民申字第758号民事判决书，《最高人民法院公报》，2010年第3期。
2 参见上海市浦东区人民法院（2017）沪0115民初85362号民事判决书。

于有一定影响的企业名称。深圳米高梅公司经营业务与米高梅集团高度关联,擅自使用"米高梅"字号,足以引人误认为其与米高梅集团存在特定联系,产生混淆,其行为构成不正当竞争。

[下篇]

案例应用篇

第四章

在先商标与在后商标的权利冲突案例应用

一、"珍珍"商标异议案[1]

（一）案件来源

国家知识产权局（2023）商标异字第0000125777号、第61908683号"珍珍ZHENZHEN"商标不予注册的决定

（二）当事人信息

异议人：佛山市顶华珍珍饮料有限公司

被异议人：北京迎胜客食品有限公司

---

[1] 即佛山市顶华珍珍饮料有限公司与北京迎胜客食品有限公司涉"珍珍"商标异议案。

名称	被异议商标	引证商标
注册号	61908683	1346756
商标图	珍珍 ZHEN ZHEN	珍珍
商品/服务	第29类：蔬菜罐头、水产罐头、水果罐头	第32类：无酒精饮料、汽水、矿泉水（饮料）、水（饮料）、果汁饮料、固体饮料等

（三）审理要旨

根据《类似商品和服务区分表》划分，被异议商标指定使用商品与引证商标指定使用商品虽属不同商品类别，但如被异议商标指定使用商品与引证商标指定使用商品在功能用途、销售渠道、消费对象是相近的，可构成类似商品。

（四）案情简介

第1346756号商标"珍珍"（简称引证商标）由申请人朱某全于1998年8月10日提出注册申请，并于1999年12月21日核准注册，指定使用在第32类无酒精饮料、汽水、矿泉水（饮料）、水（饮料）、果汁饮料、固体饮料等商品上。申请人朱某全长期将引证商标许可给异议人佛山市顶华珍珍饮料有限公司（简称珍珍公司）商业使用。

第61908683号商标"珍珍"由被异议人北京迎胜客食品有限公司于2022年1月4日提出注册申请，并于2022年11月27日初审公告，指定使用在第29类蔬菜罐头、水产罐头、水果罐头商品上。

2023年1月，珍珍公司就第61908683号商标"珍珍"提出异议，认为被异议商标与引证商标构成在近似商品上使用近似商标，请求不予注册。

国家知识产权局作出第61908683号"珍珍ZHENZHEN"商标不予注册的决定，认为被异议商标构成使用在类似商品上的近似商标，如并存使用于类似商品上易造成消费者的混淆误认，决定被异议商标不予注册。

（五）审理要点

1.被异议商标指定使用商品与引证商标指定使用商品构成类似商品

国家知识产权局认为，被异议商标指定使用的第29类蔬菜罐头、水产罐头、水果罐头商品，与引证商标指定使用的第32类无酒精饮料、汽水、矿泉水（饮料）、水（饮料）、果汁饮料、固体饮料等商品，虽属不同类别商品，但两者在功能用途、销售渠道、消费对象等方面均相近，构成类似商品。

2.被异议商标与引证商标构成近似商标

被异议商标与引证商标文字均含有"珍珍"，两者商标文字相同，主体特征及外观表现形式近似，整体差别细微，易使消费者误认为系列商标或存在某种关联，构成使用在类似商品上的近似商标。

二、"虎牙直播Huya.com"商标无效宣告行政诉讼案[1]

（一）案件来源

北京知识产权法院（2021）京73行初1492号行政判决书

北京市高级人民法院（2021）京行终8919号行政判决书

（二）当事人信息

上诉人（原审原告）：广州虎牙信息科技有限公司

被上诉人（原审被告）：国家知识产权局

原审第三人：杭州虎牙广告有限公司

名称	诉争商标	引证商标
注册号	15762111	8182425
商标图	虎牙直播 Huya.com	虎牙
商品/服务	第35类：广告、广告空间出租、在通讯媒体上出租广告时间、广告代理、广告片制作等	第35类：广告策划等

---

[1] 即广州虎牙信息科技有限公司与国家知识产权局涉"虎牙直播Huya.com"商标无效宣告请求行政纠纷案。

（三）裁判要旨

从商标权人的利益和公众利益的平衡角度看，注册商标权的行使应受到限制，不得侵犯他人在先商标权。在先权利人或者利害关系人自商标注册之日起五年内，可以请求宣告该注册商标无效。

诉争商标核定使用的服务与引证商标核定使用的服务相近，构成类似服务。诉争商标完整包含引证商标，二者在文字构成、呼叫等方面相近，构成近似商标。涉案公司不足以证明其商誉能够延及诉争商标，亦不能证明诉争商标在广告行业具有较高知名度。诉争商标与引证商标已构成使用在类似服务上的近似商标，极容易造成相关公众的混淆误认，应予以宣告无效。

（四）案情简介

引证商标第8182425号"虎牙"商标于2011年4月21日核准注册，商标权人为杭州虎牙广告有限公司（简称杭州虎牙公司），核准使用类别为第35类：广告策划等。

诉争商标第15762111号"虎牙直播 huya.com"商标于2014年11月21日申请注册，于2018年1月27日转让至广州虎牙信息科技有限公司（简称广州虎牙公司）名下，并于2018年8月21日获准注册。核准使用类别为第35类：广告、广告空间出租、在通讯媒体上出租广告时间等。

2020年1月，杭州虎牙公司以广州虎牙公司核准注册的诉争商标"虎牙直播 huya.com"与引证商标"虎牙"构成在相同或类似商品上使用近似商标为由，向国家知识产权局提出无效宣告请求。

2020年11月，国家知识产权局作出无效宣告裁定，认为诉争商标"虎牙直播 huya.com"在"广告、广告空间出租、在通讯媒体上出租广告时间、广告代理、广告片制作"服务上注册违反了《商标法》（2013年修正）第30条的规定，裁定：诉争商标在诉争服务上予以无效宣告，在其余服务上予以维持。

广州虎牙公司起诉至北京知识产权法院。

北京知识产权法院受理后，作出（2021）京73行初1492号一审行政判决，认为诉争商标文字完整包含了引证商标显著识别部分"虎牙"，与引证商标构成近似标识。两者属于第3501类群组，构成类似服务。因此，若诉争商标与引证商标共存于市场上，容易使相关公众产生混淆或误认，构成使用在同一种或类似服务上的近似商标，最终法院判决驳回原告广州虎牙公司的诉讼请求。

广州虎牙公司不服原判决，向北京市高级人民法院提起上诉，请求撤销原审判决及被诉裁定，判令国家知识产权局重新作出裁定。

北京市高级人民法院经审理，认为诉争商标与引证商标已构成使用在类似服务上的近似商标，诉争商标的申请注册违反了《商标法》（2013年修正）第30条的规定，并驳回广州虎牙公司的上诉请求，维持原判。

（五）法院审理

法院认为诉争商标与引证商标构成近似商标，诉争商标与引证商标核定使用的服务构成类似服务，诉争商标与引证商标极容易造成相关公众的混淆误认。诉争商标与引证商标已构成使用在类似服务上的近似商标，应予以宣告无效。

第一，诉争商标与引证商标构成近似商标。诉争商标由汉字"虎牙直播"及字母"Huya.com"构成，引证商标为汉字"虎牙"，将二者进行对比可见，诉争商标完整包含引证商标，二者在文字构成、呼叫等方面相近，构成近似商标。

第二，诉争商标核定使用的服务与引证商标核定使用的服务类似。诉争商标核定使用"广告"等服务与引证商标核定使用的"广告策划"服务在《类似商品和服务区分表》中均属于第3501群组，且上述服务在服务目的、内容、方式和对象等方面相近，构成类似服务。虽然广州虎牙公司主张其提供的是互联网广告业务，但第3501群组中的"广告"旨在通过各种传播方式向公众进行广告宣传，未排除互联网直播相关的广告形式，注册在该群组的商标可使用在传统广告和互联网直播相关的广告业务中。

第三，广州虎牙公司提交的在案证据不足以证明其直播平台所形成的商誉能够延及本案诉争商标，亦不能证明诉争商标在广告等服务上具有较高知名度，进而足以与引证商标相区分。若诉争商标与引证商标共存于市场，极易造成相关公众的混淆误认，或认为服务的提供者之间存在某种关联，故诉争商标与引证商标已构成使用在类似服务上的近似商标，诉争商标的申请注册违反了《商标法》（2013年修正）第30条的规定。

三、"耐克"驰名商标行政诉讼案[1]

（一）案件来源

北京知识产权法院（2015）京知行初字第4577号行政判决书

北京市高级人民法院（2016）京行终4133号行政判决书

（二）当事人信息

上诉人（原审被告）：原国家工商行政管理总局商标评审委员会

上诉人（原审第三人）：泉州市洛江超盛鞋业有限公司

被上诉人（原审原告）：耐克创新有限合伙公司

名称	诉争商标	引证商标一	引证商标二	引证商标三
注册号	3275213	991722	146655	147621
商标图				
商品/服务	第25类：服装、鞋、袜、领带、腰带	第25类：服装、鞋、帽	第25类：运动衣	第25类：运动鞋（胶底球鞋）

---

[1] 即耐克创新有限合伙公司与泉州市洛江超盛鞋业有限公司涉"耐克"驰名商标因商标权无效宣告请求行政纠纷案。

（三）裁判要旨

驰名商标的认定应当根据商标的实际宣传和使用，从证据反映的整体情况予以考虑。具体可包括宣传的持久性、方式的多样性、地域范围的广泛性以及销售记录、先前被认定为驰名商标的记录等。

在相同或类似商品上，若在先商标于在后争议商标的申请日前即已构成驰名商标，且在后商标的注册申请具有主观恶意，在先商标权人请求商标评审委员会宣告在后商标无效可突破五年的时间限制。

（四）案情简介

诉争商标第3275213号图形商标由泉州市洛江超盛鞋业有限公司（简称超盛公司）于2002年8月15日向商标局提出注册申请，并于2005年7月14日核准注册，核定使用在第25类"服装、鞋、袜、领带、腰带"商品上。

引证商标一第991722号、引证商标二第146655号、引证商标三第147621号商标，由耐克创新有限合伙公司（简称耐克公司）依法向商标局提出注册申请，并分别于1997年4月28日、1981年5月15日、1981年6月30日核准注册，分别被核定使用于第25类"服装、鞋、帽"商品；第25类"运动衣"；以及第25类"运动鞋（胶底球鞋）"商品上。

耐克公司于2014年5月23日针对诉争商标向商标评审委员会提出无效宣告请求。主要理由为：引证商标一具有较高的知名度，已达到驰名商标的程度，请求认定引证商标一在第25类"服装"等商品上构成驰名商标。诉争商标的申请注册是对引证商标一驰名商标的恶意复制和摹仿。诉争商标与引证商标一、二、三构成使用在同一类或类似商品上的近似商标。

2015年3月30日，商标评审委员会作出诉争商标予以维持的裁定，认为：（1）在案证据不足以全面反映在诉争商标申请注册前，引证商标一已具有驰名商标所应有的广泛影响力和知名度。（2）诉争商标于2005年7月14日获准注册，而耐克公司申请撤销诉争商标的日期为2014年5月23日，此期间已经超过《商标法》（2013年修正）所规定的五年时间限制。

耐克公司不服被诉裁定，向北京知识产权法院提起行政诉讼。

北京知识产权法院经审理，判决撤销商标评审委员会作出的被诉裁定，由商标评审委员会重新作出裁定。法院认可在案证据能够证明引证商标一在"服装、鞋、帽"商品上在诉争商标申请注册日之前已达到驰名程度，应被认定为驰名商标。并且，法院认为虽然耐克公司提出无效宣告请求的时间超过了五年，但引证商标一为驰名商标，且超盛公司申请注册诉争商标具有主观恶意，宣告诉争商标无效不应受到五年的时间限制。

商标评审委员会、超盛公司均不服一审判决，向北京市高级人民法院提出上诉。北京市高级人民法院判决驳回上诉，维持原判。

（五）法院审理

第一，关于引证商标能否被认定为驰名商标。一审法院认为，现有证据能够证明引证商标一在"服装、鞋、帽"商品上在诉争商标申请注册日之前已达到驰名程度，应被认定为驰名商标。二审法院支持了一审法院的观点，认为耐克公司就其"服装、鞋、帽"类商品进行宣传的持续时间较长、方式多样、地域范围广泛、所获销售数额巨大，并有多次被认定为驰名商标的记录，可以证明引证商标一在"服装、鞋、帽"商品上在诉争商标申请注册日之前已达到驰名程度，应被认定为驰名商标。

第二，关于耐克公司提出的无效宣告请求是否需受五年的时间限制。根据《商标法》（2013年修正）第45条第1款规定："已经注册的商标，违反本法第十三条第二款和第三款、第十五条、第十六条第一款、第三十条、第三十一条、第三十二条规定的，自商标注册之日起五年内，在先权利人或者利害关系人可以请求商标评审委员会宣告该注册商标无效。对恶意注册的，驰名商标所有人不受五年的时间限制。"

一、二审法院认为，诉争商标于2005年7月14日获准注册，耐克公司提出无效宣告请求的时间为2014年5月23日，虽已超过了五年，但是引证商标一在诉争商标申请日之前已构成驰名商标，且超盛公司存在明显抄袭和摹仿他人知名商标的主观恶意。故此，耐克公司请求商标评审委员会宣告诉争商标无效不应受到五年的时间限制。

四、"东鹏"驰名商标行政诉讼案[1]

（一）案件来源

北京知识产权法院（2019）京73行初1342号行政判决书

北京市高级人民法院（2020）京行终5130号行政判决书

（二）当事人信息

上诉人（原审第三人）：开平市东鹏卫浴实业有限公司

被上诉人（原审原告）：广东东鹏控股股份有限公司、广东东鹏文化创意股份有限公司

原审被告：国家知识产权局

---

[1] 即开平市东鹏卫浴实业有限公司与广东东鹏控股股份有限公司等涉"东鹏"驰名商标因商标权无效宣告请求行政纠纷案。

名称	诉争商标	引证商标一	引证商标二	引证商标三
注册号	4543053	1212844	4246716	1927652
商标图	(图)	(图)	(图)	东鹏
商品/服务	第11类：抽水马桶、小便池（卫生设施）、坐便器、卫生器械和设备、冷冻设备和装置、空气消毒器、供水设备、卫生间消毒散布器、小型取暖器	第19类：建筑砖瓦	第19类：建筑用木材、大理石、人造石、水泥、石膏板、非金属砖瓦、耐火砖瓦、非金属建筑材料、石料粘合剂	第19类：砖、建筑用嵌砖、波形瓦、非金属砖瓦、建筑用非金属砖瓦、建筑用非金属墙砖、非金属地板砖、玻璃马赛克、水磨石、瓷砖

（三）裁判要旨

就不相同或者不相类似商品申请注册的商标是复制、摹仿或者翻译他人已经在中国注册的驰名商标，误导公众，致使该驰名商标注册人的利益可能受到损害的，不予注册并禁止使用。

（四）案情简介

诉争商标第4543053号"(图)"由开平市东鹏卫浴实业有限公司（简称东鹏卫浴公司）于2005年3月16日申请注册，并于2008年4月27日核定授权，核准商品为第11类：抽水马桶、小便池（卫生设施）、坐便器、卫生器械和设备、冷冻设备和装置、空气消毒器、供水设备、卫生间消毒散布器、小型取暖器。

引证商标一第1212844号""商标由广东东鹏控股股份有限公司（简称东鹏控股公司）于1997年8月13日申请注册，并于1998年10月7日核准授权，核准商品为第19类：建筑砖瓦。

引证商标二第4246716号""商标由东鹏控股公司于2004年8月31日申请注册，并于2009年4月6日核准授权，核准商品为第19类：建筑用木材、大理石、人造石、水泥、石膏板、非金属砖瓦、耐火砖瓦、非金属建筑材料、石料粘合剂。

引证商标三第1927652号"**东鹏**"商标由东鹏控股公司于2001年6月11日申请注册，并于2002年8月28日核准授权，核准商品为第19类：砖、建筑用嵌砖、波形瓦、非金属砖瓦、建筑用非金属砖瓦、建筑用非金属墙砖、非金属地板砖、玻璃马赛克、水磨石、瓷砖。

东鹏控股公司、广东东鹏文化创意股份有限公司（简称东鹏文化公司）于2017年11月向商标评审委员会提起针对诉争商标的无效宣告请求。主要理由为引证商标为驰名商标，诉争商标是复制、摹仿在先注册驰名商标，容易导致相关公众的混淆、误认。

商标评审委员会作出商评字〔2018〕第237544号《关于第4543053号"DOPEN及图"商标无效宣告请求裁定书》，认为引证商标虽在诉争商标申请注册日之前已达到驰名之程度，诉争商标与引证商标构成近似商标，但诉争商标核定使用的"抽水马桶"商品与申请人驰名商标上的"建筑砖瓦"商品存在较大差异，无效宣告理由亦不能成立，并裁定诉争商标予以维持。

东鹏控股公司、东鹏文化公司不服被诉裁定，向北京知识产权法院提起行政诉讼。

北京知识产权法院审理认为，在案证据能够认定引证商标一在诉争商标申请日前已经为相关公众知晓，构成驰名商标，诉争商标与引证商标一近似程度较高，构成对引证商标一的复制、摹仿。法院判决撤销被诉裁定，由国家知识产权局重新作出裁定。

东鹏卫浴公司不服原审判决，向北京市高级人民法院提起上诉。

北京市高级人民法院审理认为，原审判决认定事实清楚，适用法律正确，并判决驳回上诉，维持原判。

（五）法院审理

第一，关于引证商标是否构成驰名商标。引证商标一早在1998年就已开始使用，且引证商标一"瓷砖"商品在诉争商标申请日前已在全国多个省市范围内进行了相当规模的销售，能够在一定程度上反映引证商标一在诉争商标申请日前具有一定知名度。虽然商标局作出驰名商标批复的时间晚于诉争商标注册日几个月，但驰名商标的认定是动态的，因此，该批复能够反映一定时期内引证商标一的知名度情况。在原审诉讼阶段东鹏控股公司、东鹏文化公司又提供了引证商标一在诉争商标申请日前的2002年1月和2005年3月被评为广东省著名商标等奖项、称号的证据。综合考虑上述证据，能够认定引证商标一在诉争商标申请日前已经为相关公众知晓，构成驰名商标。

第二，关于诉争商标是否构成对引证商标的复制、摹仿。诉争商标和引证商标一两者在文字、字母构成和呼叫方面相近，且构图元素和整体外观方面较为相似，诉争商标构成对引证商标一的复制、摹仿。而且，诉争商标核定使用的"抽水马桶"等商品和引证商标一核定使用的"建筑砖瓦"商品，在功能、用途、生产部门、消费群体等方面具有一定关联性。诉争商标使用于"抽水马桶"等商品上，足以导致消费者误认为诉争商标核定使用的商品与东鹏控股公司、东鹏文化公司有一定联系，致使其利益可能受到损害。

五、"加加"驰名商标行政诉讼案[1]

(一)案件来源

北京知识产权法院(2019)京73行初4852号行政判决书

北京市高级人民法院(2020)京行终1642号行政判决书

(二)当事人信息

上诉人(原审原告):嵊州市佳歌电器有限公司

被上诉人(原审被告):国家知识产权局

原审第三人:加加食品集团股份有限公司

名称	诉争商标	引证商标一	引证商标二
注册号	15994980	1321453	3236518
商标图	JIAJIA 加加	加加	JIAJIA 加加
商品/服务	第11类:灯、烹调用装置和设备、空气调节设备、空气净化装置和机器、厨房用抽油烟机、加热装置、抽水马桶、消毒设备、电暖器、电吹风等	第30类:酱油、醋、调味品、酱菜(调味品)、佐料(调味品)、味精、蚝油等	第30类:酱油、醋、调味品、佐料(调味品)、味精、蚝油、鸡精(调味品)、谷类制品、米等

---

[1] 即加加食品集团股份有限公司与嵊州市佳歌电器有限公司涉"加加"驰名商标因商标权无效宣告请求行政纠纷案。

(三)裁判要旨

就不相同或者不相类似商品申请注册的商标是复制、摹仿或者翻译他人已经在中国注册的驰名商标,误导公众,致使该驰名商标注册人的利益可能受到损害的,不予注册并禁止使用。

(四)案情简介

诉争商标第15994980号"JIAJIA 加加"商标由原注册人青岛九牧电器有限公司于2014年12月23日申请注册,并于2016年2月28核准授权,核准使用类别为第11类:灯、烹调用装置和设备、空气调节设备、空气净化装置和机器、厨房用抽油烟机、加热装置、抽水马桶、消毒设备、电暖器、电吹风等。2019年4月13日,诉争商标转让至嵊州市加加电器有限公司(简称加加电器公司)名下。2019年11月11日,加加电器公司变更企业名称为嵊州市佳歌电器有限公司(简称佳歌电器公司)。

引证商标一第1321453号"加加"商标由加加食品集团股份有限公司(简称加加食品公司)于1998年5月21日申请注册,后于1999年10月7日核准授权,核准商品为第30类:酱油、醋、调味品、酱菜(调味品)、佐料(调味品)、味精、蚝油等。

引证商标二第3236518号"加加"商标由加加食品公司于2002年7月9日申请注册,并于2003年8月28日核准授权,核准商品为第30类:酱油、醋、调味品、佐料(调味品)、味精、蚝油、鸡精(调味品)、谷类制品、米等。

加加食品公司于2018年6月15日对诉争商标提出无效宣告请求,认为引证商标属于驰名商标,诉争商标构成对其驰名商标的摹仿,且极易导致消费者混淆。

商标评审委员会作出商评字〔2019〕第0000053158号《关于第15994980号"JIAJIA加加及图"商标无效宣告请求裁定书》,认定在诉争商标申请注册日前，引证商标在酱油商品上已为相关公众所熟知的驰名商标，诉争商标注册在灯、厨房用抽油烟机等商品上，易使消费者误认为争议商标与加加食品公司之间存有某种关联，从而损害其利益，故裁定诉争商标予以无效宣告。

加加电器公司不服被诉裁定，向北京知识产权法院提起行政诉讼。

北京知识产权法院经审理认为，在诉争商标申请注册日前，引证商标二在酱油商品上已为公众所熟知，诉争商标构成对引证商标的摹仿、复制，判决驳回加加电器公司的诉讼请求。

加加电器公司不服原审判决，向北京市高级人民法院提起上诉。

北京市高级人民法院审理认为，原审判决认定事实清楚，适用法律正确，并判决驳回上诉，维持原判。

（五）法院审理

第一，关于引证商标是否构成驰名商标。根据加加食品公司提交的在案证据，包括相关审计报告、销售协议及发票、纳税证明等，可以证明引证商标二在酱油商品上进行了全国性的销售并取得较好的经济业绩；相关文献检索、广告投入明细、领导参观视察照片等，可以证明引证商标二进行了持续广泛的宣传；且有相关判决、商标局作出的批复可以证明引证商标二曾受到驰名商标认定和保护。依照按需认定原则，本案上述证据可以相互印证并证明引证商标二使用在酱油商品上在诉争商标申请日前达到驰名的程度。

第二，关于诉争商标是否属于在不相同或不相类似商品上复制、摹仿驰名商标的认定。《商标法》（2013年修正）第13条第3款规定："就不相同或者不相类似商品申请注册的商标是复制、摹仿或者翻译他人已经在中国注册的驰名商标，误导公众，致使该驰名商标注册人的利益可能受到损害的，不予注册并禁止使用。"

诉争商标申请日晚于引证商标核准授权日，且与引证商标二在文字构成、呼叫方面相同，构成对引证商标二的复制、摹仿。诉争商标核定使用的灯、厨房用抽油烟机等商品与加加食品公司的酱油商品均属于家庭日常生活用品，在消费对象、销售场所等方面存在关联。考虑到引证商标二的驰名程度，诉争商标注册并使用在灯、厨房用抽油烟机等商品上，易使公众误认为诉争商标与引证商标二具有相当程度的联系，减弱引证商标二的显著性，尤其是诉争商标注册并使用在抽水马桶商品上，将会贬损引证商标二在酱油等食用商品上的市场声誉，致使加加食品公司的利益可能受到损害。

六、"爱慕"商标侵权及不正当竞争诉讼案[1]

（一）案件来源

北京知识产权法院（2017）京73民初1741号民事判决书

北京市高级人民法院（2020）京民终194号民事判决书

（二）当事人信息

上诉人（原审被告）：广东艾慕内衣有限公司

被上诉人（原审原告）：爱慕股份有限公司

名称	权利商标一	权利商标二	权利商标三
注册号	627055	3641595	6446516
商标图	AIMER	爱 慕	Aimer
商品/服务	第25类：服装	第25类：内衣、服装、婴儿全套衣、鞋、帽、袜等	第25类：服装、内衣、婴儿全套衣、游泳衣、鞋等

---

1 即爱慕股份有限公司与广东艾慕内衣有限公司侵害商标权及不正当竞争纠纷案。

名称	被诉商标一	被诉商标二
注册号	20108717	3862068
商标图	AiMU艾慕	Aimu 艾慕
商品/服务	第25类：服装、婴儿全套衣、游泳衣等	第25类：服装；婴儿全套衣、鞋等

（三）裁判要旨

《驰名商标保护解释》第11条规定："被告使用的注册商标违反商标法第十三条的规定，复制、摹仿或者翻译原告驰名商标，构成侵犯商标权的，人民法院应当根据原告的请求，依法判决禁止被告使用该商标，但被告的注册商标有下列情形之一的，人民法院对原告的请求不予支持：（一）已经超过商标法第四十一条第二款规定的请求撤销期限的；（二）被告提出注册申请时，原告的商标并不驰名的。"

在侵害商标权民事案件中，以他人使用在核定商品上的注册商标与其在先的注册商标相同或者近似为由提起诉讼的，原告应当向有关行政主管机关申请解决。但对于将原告驰名商标通过复制、摹仿或者翻译方式恶意注册的，原告在被告商标核准注册五年内，可以请求法院依法判决被告禁止使用该注册商标。

对于驰名商标的认定，应结合当事人提交的使用该商标商品的市场份额、销售区域、利税，该商标的宣传或者促销活动的方式、持续时间、程度、资金投入、地域范围，该商标享有的市场声誉等证据，对商标是否驰名进行客观、全面的审查。

（四）案情简介

原告爱慕股份有限公司（简称爱慕公司）成立于1981年10月13日，原企业名称为北京华美服装厂。自1994年开始,原告将"爱慕"用作企业字号,并变更企业名称为北京爱慕制衣厂。2000年3月15日,原告企业名称又变更为北京爱慕内衣有限公司。2017年5月11日,再次变更为现名称爱慕公司。

权利商标一第627055号" "商标由爱慕公司于1992年1月11日申请注册,于1993年1月20日获准注册,核定使用在第25类"服装"商品上,商标专用权期限至2023年1月19日。

权利商标二第3641595号"爱 慕"商标由爱慕公司于2003年7月21日申请注册,于2006年2月14日获准注册,核定使用在第25类"内衣;服装;婴儿全套衣;鞋;袜;帽等"商品上,商标专用权期限至2026年2月13日。

权利商标三第6446516号"Aimer"商标由爱慕公司于2007年12月9日申请注册,于2010年5月28日获准注册,核定使用在第25类"服装;内衣;婴儿全套衣;游泳衣;鞋等"商品上,商标专用权期限至2020年5月27日。

原告爱慕公司上述品牌的服装、内衣产品广销全国各地,且公司所获荣誉及宣传报道众多。同时,湖南省长沙市中级人民法院曾判决认定权利商标二"爱 慕"和权利商标三"Aimer"为驰名商标。

广东艾慕内衣有限公司(简称艾慕公司)成立于2015年10月12日,自成立以来一直将"艾慕"作为其企业字号,经营范围包括商品批发贸易(许可审批类商品除外);商品零售贸易(许可审批类商品除外);服装批发;服装辅料批发;鞋批发;帽批发;服装零售;鞋零售;帽零售;帽代理;皮革及皮革制品批发;货物进出口(专营专控商品除外)。

被诉商标一第20108717号"AiMU艾慕"商标由艾慕公司法定代表人周某泽于2016年5月27日申请注册,于2017年7月14日核准授权,核定使用商品为第25类"服装;婴儿全套衣;游泳衣等",商标专用权期限自2017年7月14日至2027年7月13日。周某泽将该商标许可给艾慕公司使用,并办理商标使用许可备案,许可期限自2017年7月14日至2027年7月13日。

东莞市艾慕寝室用品有限公司在初审公告期内提出异议,商标局于

2018年8月27日作出决定，决定该商标准予注册。

原告爱慕公司就被诉商标一向商标评审委员会提起无效宣告请求。

被诉商标二第3862068号"Aimu艾慕"由案外人张某海于2003年12月26日申请注册，于2007年1月7日核准授权，核定使用商品为第25类"服装；婴儿全套衣；鞋等"，商标专用权期限至2027年1月6日。2015年5月27日，该商标转让至周某泽名下。周某泽将该商标许可给艾慕公司使用，并办理商标使用许可备案，许可期限自2015年5月28日至2027年1月6日。

原告爱慕公司在初审公告期内针对被诉商标二提出异议，商标局于2010年3月10日作出裁定，裁定该商标予以核准注册。

2016年10月11日，爱慕公司向商标评审委员会提起无效宣告请求。商标评审委员会于2018年2月7日作出裁定，裁定该商标予以维持。爱慕公司对该裁定不服，于2018年5月24日起诉至北京知识产权法院。2019年6月26日，北京知识产权法院作出行政判决，驳回爱慕公司的诉讼请求。爱慕公司不服，提起上诉。

2015年11月12日至2017年1月1日，艾慕公司签订多份代理合同，授权他人经销其"艾慕"内衣系列产品，地域涉及云南、吉林、新疆、陕西、山西、宁夏、江苏、辽宁、贵州、广西等省区。

被告艾慕公司在生产销售的"艾慕"内衣商品上，包括商品吊牌和塑料包装袋上，标有"AiMU艾慕"，并在其网站www.aimu.cn宣传中使用了"AiMU艾慕""AIMU艾慕"。

原告爱慕公司遂于2017年9月19日向北京知识产权法院提起诉讼。

（五）诉辩意见

原告爱慕公司诉请：（1）判令被告停止在其生产、销售的侵权产品上及宣传过程中使用"AiMU艾慕""AIMU艾慕"等标识；（2）判令被告赔偿原告因商标侵权造成的经济损失80万元、因不正当竞争行为造成的经济损失20万元、律师费及公证费；（3）判令被告立即变更企业名称，变更后的企业名称中不得含有与原告"爱慕AIMER""爱慕"驰名商标相同或近似的文字；（4）判令被告在《中国知识产权报》及被告官网www.aimu.cn首页刊登声明，消除侵权的不良影响；（5）被告承担本案诉讼费用。

被告艾慕公司答辩不构成侵权，请求法院驳回原告诉讼请求，主要理由为：（1）媒体的链接标题是技术服务内容，输入"艾慕内衣"字样进行关键词的技术抓取，不是被告使用的结果，不属于商标性使用；（2）合法使用第20108717号"艾慕AIMU"商标、第3862068号"艾慕AiMU"商标；（3）"艾慕"企业字号合法注册、正常使用，不构成商标侵权；（4）原告提交的证据不足以证明其商标经宣传使用已达驰名程度。

（六）一审审理

1.原告爱慕公司权利商标二第3641595号"爱 慕"商标和权利商标三第6446516号"Aimer"商标依法认定为驰名商标

原告在案提交的证据足以证明经过持续广泛的宣传，在被告第20108717号"AiMU艾慕"商标注册申请之前，其权利商标二和权利商标三已为相关公众所熟知，在内衣商品上达到驰名程度。而且，原告于2017年9月19日诉至法院，距被告被诉商标一第20108717号"AiMU艾慕"商标核准注册日未超五年期限。

2.被告艾慕公司使用被诉标识"AiMU艾慕""AIMU艾慕"构成对原告驰名商标享有的商标权的侵害

被告艾慕公司使用的"AiMU艾慕""AIMU艾慕"标识，未改变被诉商标一第20108717号"AiMU艾慕"商标的显著识别部分，可以认定其是对被诉商标一的使用。

《商标法》（2013年修正）第13条第3款规定："就不相同或者不相类

似商品申请注册的商标是复制、摹仿或者翻译他人已经在中国注册的驰名商标，误导公众，致使该驰名商标注册人的利益可能受到损害的，不予注册并禁止使用。"虽然该条款规定是对已注册的驰名商标在不相同或者不类似商品上给予的跨类保护，且《商标法》（2013年修正）第13条未对已注册的驰名商标在相同或类似商品上给予保护作出规定，但依据立法目的解释原则，该条规定的目的在于给予已注册驰名商标在不相同或者不类似商品上更强、更高的保护，因此在相同或类似商品上给予已注册驰名商标同样的保护为该条规定应有之义。因此，法院有权就本案进行审理。

被告艾慕公司使用"AiMU艾慕""AIMU艾慕"商标，与权利商标二和权利商标三，文字构成相近、呼叫完全相同，构成对原告驰名商标的摹仿和翻译。被告艾慕公司将"AiMU艾慕""AIMU艾慕"使用在与原告驰名商标相同的商品上，足以使相关公众认为其与原告驰名商标具有相当程度的联系，从而不正当利用原告驰名商标的市场声誉，损害原告的利益，构成对原告就驰名商标享有的商标权的侵害。

3.被告艾慕公司使用"艾慕"作为企业字号构成不正当竞争

原告爱慕公司自1994年开始将"爱慕"作为企业字号使用。被告艾慕公司于2015年10月12日将"艾慕"作为企业字号使用。在案证据可以证明在被告艾慕公司成立之前，原告爱慕公司的字号"爱慕"在内衣的生产、销售领域已为相关公众熟知，具有较高知名度，属于有一定影响的企业名称，应当予以保护。被告艾慕公司亦从事内衣的生产经营，作为同行业经营者，明知原告的"爱慕"企业字号，仍将"艾慕"作为企业字号登记注册并使用，具有恶意。且被告使用的企业字号"艾慕"与原告的企业字号"爱慕"仅一字之差，呼叫完全相同，足以误导公众，已构成《反不正当竞争法》第6条第2项规定的不正当竞争行为。

（七）一审判决

一审法院判决：（1）被告艾慕公司立即停止使用涉案侵权标志；（2）被告艾慕公司变更企业名称，变更后的企业名称不得含有"爱慕""艾慕"文字；（3）被告艾慕公司赔偿原告爱慕公司共计346000元；（4）被告艾慕公司在《中国知识产权报》和网站www.aimu.cn首页连续十日刊登声明，消除不良影响；（5）驳回原告爱慕公司的其他诉讼请求。

（八）二审审理及判决

被告艾慕公司不服，向北京市高级人民法院提起上诉，请求撤销一审判决，发回重审或者在查明事实的基础上依法改判。

北京市高级人民法院二审审理认定，一审判决认定事实清楚，适用法律正确，并判决驳回上诉，维持原判。

七、"惠氏"商标侵权及不正当竞争诉讼案[1]

（一）案件来源

浙江省杭州市中级人民法院（2019）浙01民初412号民事判决书

浙江省高级人民法院（2021）浙民终294号民事判决书

（二）当事人信息

上诉人（原审被告）：广州惠氏宝贝母婴用品有限公司（简称广州惠氏公司）

上诉人（原审被告）：广州正爱日用品有限公司（简称正爱公司）

上诉人（原审被告）：青岛惠氏宝贝母婴用品有限公司（简称青岛惠氏公司）

上诉人（原审被告）：陈某英

上诉人（原审被告）：管某坤

上诉人（原审被告）：杭州向笛母婴用品有限公司（原杭州单恒母婴用品有限公司，简称向笛公司）

被上诉人（原审原告）：惠氏有限责任公司（简称惠氏公司）

被上诉人（原审原告）：惠氏（上海）贸易有限公司（简称惠氏上海公司）

---

[1] 即惠氏有限责任公司等与广州惠氏宝贝母婴用品有限公司等侵害商标权及不正当竞争纠纷案。

名称	权利商标一	权利商标二	权利商标三	权利商标四
注册号	154650	561819	5642019	5641776
商标图	WYETH	惠氏	WYETH	惠氏
商品/服务	第5类：药膏、婴儿及病愈者食品、药剂	第5类：医用药物、婴儿食品	第5类：医用营养食物、医用营养品、医用营养饮料、婴儿奶粉、孕妇及哺乳期妇女用医用粉末状营养品等	第5类：医用营养食物；医用营养品；医用营养饮料；婴儿奶粉；孕妇及哺乳期妇女用医用粉末状营养品等

（三）裁判要旨

《商标法》（2013年修正）第47条规定："依照本法第四十四条、第四十五条的规定宣告无效的注册商标，由商标局予以公告，该注册商标专用权视为自始即不存在。"被诉侵权商标已经被宣告无效的，相关商标专用权视为自始即不存在，被宣告无效之前使用被诉侵权标识构成合法使用的抗辩不能成立。

（四）案情简介

原告惠氏公司设立于1926年2月4日，设立时名称为美国家庭用品公司，2002年3月11日更名为惠氏，2009年变更为现名称。

权利商标一第154650号"WYETH"商标由惠氏公司于1979年10月5日申请注册，于1982年2月27日核准授权，核定使用商品为第5类的"药膏、婴儿及病愈者食品、药剂"。经续展，该商标的注册有效期至2022年2月26日。

权利商标二第561819号"惠氏"商标由惠氏公司于1990年8月7日申请注册，于1991年8月20日核准授权，核定使用商品为第5类的"医用药物、婴儿食品"。经续展，该商标的注册有效期至2021年8月19日。

权利商标三第5642019号"WYETH"商标由惠氏公司于2006年9月30日申请注册，于2010年8月14日核准授权，核定使用商品为第5类的"医用营养食物、医用营养品、医用营养饮料、婴儿奶粉、孕妇及哺乳期妇女用医用粉末状营养品等"。经续展，该商标的注册有效期至2030年8月13日。

权利商标四第5641776号"惠氏"商标由惠氏公司于2006年9月30日申请注册，于2010年9月7日核准授权，核定使用商品为第5类的"医用营养食物、医用营养品、医用营养饮料、婴儿奶粉、孕妇及哺乳期妇女用医用粉末状营养品等"，注册有效期至2030年9月6日。

原告惠氏上海公司经许可在中国使用上述权利商标。

原告惠氏公司在研究、开发、制造和销售婴幼儿奶粉等方面处于全球领先地位。从20世纪80年代开始，使用惠氏（WYETH）商标的婴儿配方奶粉产品就已进入中国市场进行销售。经过长期的推广使用，原告"惠氏""WYETH"商标在婴幼儿奶粉等产品中取得了较高的知名度。2015年，惠氏公司旗下奶粉业务在中国市场的销售收入突破100亿元。

案外人中山市东凤镇吴某批发部分别于2001年5月29日在核定使用商品第3类、第10类和第16类上申请注册了6件"惠氏"及"Wyeth"商标，商标注册号分别为第1811793号"Wyeth"商标、第1816489号"惠氏"商标、第1774094号"Wyeth"商标、第1793492号"惠氏"商标、第1780900号"Wyeth"商标、第1785801号"惠氏"商标。该6件商标最终于2011年5月转让到被告广州惠氏公司。

2011年7月26日，惠氏公司向商标评审委员会提出商标评审申请，商标评审委员会于2013年9月10日作出裁定，裁定撤销广州惠氏公司名下的上述6件商标。广州惠氏公司不服前述裁定，起诉至北京市第一中级人民法院。

北京市第一中级人民法院于2014年7月17日作出判决：撤销商标评审委员会作出的前述裁定，责令重新作出裁定。商标评审委员会及惠氏公司不服前述判决，向北京市高级人民法院提起上诉；北京市高级人民法院于同年12月18日作出二审判决，维持了前述一审判决。

2015年4月21日，商标评审委员会作出重审裁定，认为上述6件商标的注册构成《商标法》（2013年修正）第44条第1款"以其他不正当手段取得注册"所指情形，裁定上述6件商标予以无效宣告。广州惠氏公司不服前述裁定，向北京知识产权法院提起诉讼；北京知识产权法院于2016年9月20日作出判决，维持了商标评审委员会的上述6份重审裁定。广州惠氏公司仍不服，向北京市高级人民法院提起上诉；北京市高级人民法院分别于2018年3月30日及5月10日作出终审判决，维持了一审判决。

被告广州惠氏公司在其生产、销售生产的婴幼儿洗浴、护肤、喂哺、洗衣、尿裤、驱蚊湿巾商品以及成人用洗护和孕妇商品上使用被诉"Wyeth""惠氏""惠氏小狮子"标识，被告正爱公司、向笛公司、青岛惠氏公司在其网店销售了上述被诉侵权产品。

自2012年至2020年，被告广州惠氏公司持续在中国婴童网、孕婴童招商网、91CY.CN、创业加盟网、U88加盟网等平台宣传被诉侵权商品及招商。

2019年，原告惠氏公司、惠氏上海公司就众被告的侵权行为向杭州市中级人民法院提起诉讼。

（五）诉辩意见

原告惠氏公司、惠氏上海公司诉请：（1）广州惠氏公司、向笛公司、正爱公司、青岛惠氏公司、陈某英及管某坤立即停止在其生产、销售的沐浴露、爽身粉、护唇膏、湿巾、洗衣液、纸尿裤、奶瓶、蚊香液、被子、凉席等商品、商品包装、域名、广告宣传以及其他商业活动中使用"惠氏"及"Wyeth"商标；（2）广州惠氏公司及青岛惠氏公司立即停止使用并变更企业名称,变更后的企业名称不得含有"惠氏"字样;(3)广州惠氏公司、向笛公司、正爱公司、青岛惠氏公司、陈某英及管某坤连带赔偿惠氏公司和惠氏上海公司经济损失3000万元及合理费用55万元。

一审庭审中,惠氏公司、惠氏上海公司申请将第一项诉讼请求中的商品类别变更为"婴幼儿洗浴、护肤、喂哺、洗衣、尿裤、驱蚊湿巾商品以及成人用洗护和孕妇商品",并撤回第二项诉讼请求中要求广州惠氏公司变更企业名称的诉讼请求。

众被告答辩不构成侵权,请求法院驳回诉讼请求,理由主要为:(1)本案惠氏公司、惠氏上海公司针对广州惠氏公司的起诉已构成重复诉讼,应不予受理;(2)广州惠氏公司经受让取得6件注册商标专用权,不构成侵权;(3)众被告不构成共同侵权;(4)主张侵权赔偿过高。

(六)一审审理

1.众被告使用"Wyeth""惠氏""惠氏小狮子"标识的行为构成对原告商标专用权的侵害

被诉侵权标识"Wyeth""惠氏""惠氏小狮子",与权利商标第561819号"**惠氏**"、第5641776号"惠氏"商标在视觉上基本无差别,应当认定二者为相同商标。被诉侵权的"Wyeth"标识与惠氏公司第154650号"**WYETH**"、第5642019号"**WYETH**"商标相比,以相关公众一般注意力为标准,两者读音相同,区别仅系英文大小写不同,故构成近似商标。被诉侵权的"惠氏小狮子"标识与惠氏公司第561819号"**惠氏**"、第5641776号"惠氏"商标相比,因二者均包含读音、字形、含义完全相同的"惠氏"二字,且惠氏公司商标的"惠氏"二字系臆造词、显著性较强,以及其商标通过大量宣传使用知名度较高,法院认定二者构成近似商标。

虽广州惠氏公司生产的婴幼儿洗浴、护肤、喂哺、洗衣、尿裤、驱蚊湿巾商品以及成人用洗护和孕妇商品,与惠氏公司权利商标核定使用的

"医用药物，婴儿食品，婴儿奶粉"等商品分属不同的商品类别，但两者生产或销售的商品均属于母婴用品的范畴，在销售渠道、消费对象等方面基本相同。同时，经过长期的宣传、使用，惠氏公司、惠氏上海公司生产销售的商品及"WYETH"和"惠氏"商标已经被相关公众知晓，具有较高知名度。在此情况下，相关公众在看到同为婴幼儿商品，且标注有相同或近似标识的被诉侵权商品时，一般会认为被诉侵权商品与惠氏公司的涉案商标核定使用的商品存在特定联系，容易造成混淆，故两者构成类似商品。

综上，广州惠氏公司在其生产、销售的被诉侵权商品、商品包装及宣传册上使用"Wyeth""惠氏""惠氏小狮子"标识并在网站上进行宣传的行为，正爱公司、向笛公司、青岛惠氏公司在被诉侵权商品上使用"Wyeth""惠氏""惠氏小狮子"标识并且在其网店销售该侵权商品的行为，构成在类似商品上使用与惠氏公司注册商标相同或近似的商标，容易使相关公众对商品来源产生混淆，侵害了惠氏公司注册商标专用权。

2.被告广州惠氏公司受让取得的6件注册商标已被宣告无效，商标专用权视为自始即不存在，其主张合法使用注册商标的抗辩不应成立

《商标法》（2019年修正）第47条规定："依照本法第四十四条、第四十五条的规定宣告无效的注册商标，由商标局予以公告，该注册商标专用权视为自始即不存在"。广州惠氏公司的前述6件第1811793号"Wyeth"商标、第1816489号"惠氏"商标、第1774094号"Wyeth"商标、第1793492号"惠氏"商标、第1780900号"Wyeth"商标、第1785801号"惠氏"商标已经被宣告无效，相关商标专用权视为自始即不存在，该6件商标被宣告无效之前使用被诉侵权标识系合法使用的抗辩不能成立。

3.被告青岛惠氏公司使用"惠氏"作为企业字号构成不正当竞争

《反不正当竞争法》第6条第2项规定："经营者不得实施下列混淆

行为，引人误认为是他人商品或者与他人存在特定联系：擅自使用他人有一定影响的企业名称（包括简称、字号等）、社会组织名称（包括简称等）、姓名（包括笔名、艺名、译名等）"。本案中，惠氏公司、惠氏上海公司的成立时间以及"惠氏"商标的获准注册时间均早于青岛惠氏公司，并且经过长期的经营宣传，惠氏公司、惠氏上海公司的企业名称已经被相关公众广为知晓，具有较高的知名度。在此情况下，青岛惠氏公司使用与惠氏公司、惠氏上海公司相同的字号，从事与惠氏公司、惠氏上海公司相同的母婴商品经营行为，且二者生产销售的商品在销售渠道、消费对象等方面存在重叠，容易使相关公众误认为其销售的商品来源于惠氏公司、惠氏上海公司或者与其存在特定联系，从而造成混淆误认。故此，被告青岛惠氏公司使用"惠氏"作为自身企业字号的行为违反了诚实信用的市场交易原则和公认的商业道德，扰乱了正常的市场竞争秩序，构成不正当竞争。

4.众被告构成共同侵权，并连带承担惩罚性赔偿

一审法院认定，众被告广州惠氏公司、正爱公司、向笛公司、青岛惠氏公司、陈某英、管某坤长期以来，相互协作、配合共同故意实施侵害惠氏公司注册商标专用权及不正当竞争的行为，情节严重且具有明显的主观恶意，故对赔偿金额采用惩罚性赔偿的方式予以计算。法院确定以侵权获利1000万元为基数，以侵权获利的3倍计算赔偿金额，全额支持了惠氏公司、惠氏上海公司主张侵权赔偿的诉请。

（七）一审判决

一审法院判决：（1）广州惠氏公司、正爱公司、向笛公司、青岛惠氏公司、陈某英、管某坤立即停止在其生产、销售的婴幼儿洗浴、护肤、喂哺、洗衣、尿裤、驱蚊湿巾商品，以及成人用洗护和孕妇商品、商品包

装、广告宣传，以及其他商业活动中使用"惠氏"及"Wyeth"商标；（2）青岛惠氏公司立即在企业名称中停止使用"惠氏"字样，并变更企业名称，变更后的企业名称不得包含"惠氏"字样；（3）广州惠氏公司、陈某英、管某坤连带赔偿惠氏公司、惠氏上海公司3055万元，向笛公司就其中的1500万元承担连带赔偿责任，正爱公司就其中的10万元承担连带赔偿责任，青岛惠氏公司就其中的60万元承担连带赔偿责任；（4）驳回惠氏公司、惠氏上海公司的其他诉讼请求。

（八）二审审理及判决

众被告不服，向浙江省高级人民法院提起上诉，请求撤销一审判决，发回重审或者在查明事实的基础上依法改判。

浙江省高级人民法院二审审理认定，一审判决认定事实清楚，适用法律正确，并判决驳回上诉，维持原判。

八、"安德玛"商标侵权及不正当竞争诉讼案[1]

(一)案件来源

福建省高级人民法院(2016)闽民初78号民事判决书

最高人民法院(2017)最高法民终851号民事判决书

(二)当事人信息

上诉人(原审被告):福建省廷飞龙体育用品有限公司

被上诉人(原审原告):安德阿镆有限公司(UNDER ARMOUR, INC.)

名称	权利商标一	权利商标二	权利商标三	权利商标四
注册号	12675844A	12165772	3463214	7329795
商标图	安德玛	安德玛	UNDER ARMOUR	UNDER ARMOUR
商品/服务	第25类:运动用服装等	第28类:运动球类、锻炼身体器械等	第25类:衬衫、服装等	第25类:婴儿裤、游泳衣等

---

[1] 即安德阿镆有限公司与福建省廷飞龙体育用品有限公司涉"安德玛"侵害商标权及不正当竞争纠纷案。

名称	权利商标五、六	权利商标七	权利商标八	权利商标九、十
注册号	G996450	3479748	3463213	G1007431
商标图	UNDER ARMOUR	(图) UNDER ARMOUR	(图)	(图)
商品/服务	第25类：运动用服装等 第28类：运动用品即运动用球、足球手套等	第25类：服装等	第25类：服装等	第25类：运动用服装等 第28类：运动用品即运动用球、足球手套等

名称	抗辩商标一	抗辩商标二	抗辩商标三
注册号	3951618	15151285	12572838
商标图	Uncle Martian	niu halun 纽哈伦	(图)
商品/服务	第25类：衬衣、服装等	第25类：服装等	第25类：服装等

名称	被诉侵权标识一	被诉侵权标识二
标识	(图) UNCLE MARTIAN	(图) UNCLE MARTIAN

（三）裁判要旨

《权利冲突司法解释》第1条第2款规定："原告以他人使用在核定商品上的注册商标与其在先的注册商标相同或者近似为由提起诉讼的，人民法院应当根据民事诉讼法第一百一十一条第（三）项的规定，告知原告向有关行政主管机关申请解决。但原告以他人超出核定商品的范围或者以改变显著特征、拆分、组合等方式使用的注册商标，与其注册商标相同或者近似为由提起诉讼的，人民法院应当受理。"

被诉侵权标识不属于规范使用注册商标，改变注册商标显著特征，且突出使用与权利商标更为近似部分，极易导致消费者误认混淆的，构成商标侵权。

（四）案情简介

原告安德阿镆有限公司（简称安德阿镆公司）于1996年7月1日在美国马里兰州注册成立，是全球著名的体育用品提供商，在运动产品领域占据市场领先地位。

安德阿镆公司经商标局核准注册，取得如下商标：

权利商标一第12675844A号"**安德玛**"商标，注册有效期自2015年5月21日至2025年5月20日，核定使用商品为第25类：运动服装等。

权利商标二第12165772号"**安德玛**"商标，注册有效期自2014年7月28日至2024年7月27日，核定使用商品为第28类：运动球类、锻炼身体器械等。

权利商标三第3463214号"**UNDER ARMOUR**"商标，注册人为K.P.运动公司，2006年4月4日经核准变更注册人为安德阿镆公司，注册有效期自2005年2月14日至2025年2月13日（经续展），核定使用商品为第25类：衬衫、服装等。

权利商标四第7329795号"**UNDER ARMOUR**"商标，注册有效期自2014年8月28日至2024年8月27日，核定使用商品为第25类：婴儿裤、游泳衣等。

权利商标五第G996450号"**UNDER ARMOUR**"商标，注册有效期自2009年2月18日至2019年2月18日，核定使用商品为第25类：运动用服装等。

权利商标六第G996450号"**UNDER ARMOUR**"商标，注册有效期自

2009年2月18日至2019年2月18日，核定使用商品为第28类：运动用品即运动用球、足球手套等。

权利商标七第3479748号""商标，注册人为K.P.运动公司，2006年4月4日经核准变更注册人为安德阿镆公司，注册有效期自2005年4月7日至2025年4月6日（经续展），核定使用商品为第25类：服装等。

权利商标八第3463213号"![]"商标，注册有效期自2015年2月14日至2025年2月13日，核定使用商品为第25类：服装等。

权利商标九第G1007431号"![]"商标，注册有效期自2009年6月22日至2019年6月22日，核定使用商品为第25类：运动用服装等。

权利商标十第G1007431号"![]"商标，注册有效期自2009年6月22日至2019年6月22日，核定使用商品为第28类：运动用品即运动用球、足球手套等。

2009年5月21日，安德阿镆公司"UNDER ARMOUR"商标经美国专利商标局商标评审与申诉委员会认定在运动用品和服装领域已构成驰名商标。2016年6月1日，西班牙专利商标局认定安德阿镆公司"UNDER ARMOUR"商标属于驰名商标。同时，该品牌经过在中国的长期经销、宣传、推广，已经具有了相当大的知名度。

被告原企业名称为福建省晋江市池店潘湖日用工艺厂，于1990年11月15日注册成立，经数次名称变更后，于2006年12月28日更名为"福建省廷飞龙体育用品有限公司"（简称廷飞龙公司）。2006年12月28日，廷飞龙公司监事由黄某灿变更为黄某龙；2016年3月29日，黄某龙在香港注册成立UnderAmour（China）Co.Limited安德玛（中国）有限公司。

案外人马某兵经核准取得第3951618号"**Uncle Martian**"商标，核准使用第25类商品：衬衣、服装等，有效期自2007年6月7日至2017年6月6日。2016年4月5日，马某兵出具"商标使用授权书"，将该商标转让给廷飞龙公司；授权书确认，在申请办理转让期间，廷飞龙公司有权独家使用该商标。

案外人洪某某经核准取得第15151285号"[图]"商标，核准使用在第25类服装等商品上，有效期为2015年9月28日至2025年9月27日。2016年3月21日洪某某与廷飞龙公司签订"商标使用授权协议"，约定将商标转让给廷飞龙公司，且在办理转让手续前授权廷飞龙公司使用。2016年5月3日，廷飞龙公司向商标局申请"niuhalun"和"纽哈伦"注册，截至一审判决作出时，前述商标尚未被核准注册。

案外人元亨利贞公司经核准取得第12572838号"[图]"商标，有效期为2014年10月14日至2024年10月13日，核准使用的商品类别为第25类：服装、内裤（服装）、婴儿全套衣、游泳衣、鞋、帽、袜、手套（服装）、围巾、皮带（服饰用）。

廷飞龙公司在商业经营中，包括在召开品牌发布会时，在全国招商广告、经营场所、宣传手册及样品间展示的鞋、篮球、护腕、T恤等商品上使用了被诉侵权标识"[图]""[图]"。

2016年6月，原告安德阿镆公司就被告廷飞龙公司的侵权行为向福建省高级人民法院提起诉讼。

（五）诉辩意见

原告安德阿镆公司诉请：（1）判令廷飞龙公司停止生产、销售和宣传标有侵权标识及其他与权利商标构成相同或近似商标的产品；（2）判令廷飞龙公司销毁库存的侵权产品和包含侵权商标的宣传资料，包括宣传手册、招牌、海报和名片；（3）判令廷飞龙公司赔偿经济损失一亿元；（4）判令廷飞龙公司在搜狐、新浪、网易、腾讯四个门户网站刊登声明，消除其侵权行为对安德阿镆公司造成的不良影响；（5）判令廷飞龙公司承担本案诉讼费用。

被告廷飞龙公司答辩不构成侵权，请求法院驳回诉讼请求，理由主要为：廷飞龙公司经受让取得第3951618号"Uncle Martian"商标、第15151285号"niu halun 纽哈伦"商标，不构成侵权。

（六）一审审理

1.被告廷飞龙公司未规范使用自有商标，在实际使用中改变了其所主张受让取得的注册商标的显著特征

《权利冲突司法解释》第1条第2款规定："原告以他人使用在核定商品上的注册商标与其在先的注册商标相同或者近似为由提起诉讼的，人民法院应当根据民事诉讼法第一百一十一条第（三）项的规定，告知原告向有关行政主管机关申请解决。但原告以他人超出核定商品的范围或者以改变显著特征、拆分、组合等方式使用的注册商标，与其注册商标相同或者近似为由提起诉讼的，人民法院应当受理。"

本案中，廷飞龙公司经案外人马某兵授权使用第3951618号"Uncle Martian"商标，但实际使用的"UNCLE MARTIAN"与核定使用的商标"Uncle Martian"并不完全相同。廷飞龙公司虽经案外人洪某某授权使用第15151285号"niu halun 纽哈伦"商标，但该商标与其实际使用的被诉标识"UNCLE MARTIAN"、"UNCLE MARTIAN"也不相同，这违反了《商标法》有关"注册商标的专用权，以核准注册的商标和核定使用的商品为限"的规定。另，廷飞龙公司主张其经商标权利人元亨利贞公司许可使用第12572838号""商标，但现有证据不足以证明该主张。且即便廷飞龙公司经授权可以使用该商标，但实际使用的标识也并非该商标。因此，廷飞龙公司在商业活动中使用被诉侵权标识""""的行为，实质改变了其所主张的受让取得的注册商标的显著特征，突出使用了与安德阿镆公司第G1007431号""商标、第3479748号"UNDER ARMOUR"商标更近似部分。

2.被告廷飞龙公司使用侵权标识的行为构成对原告商标专用权的侵害

本案中，廷飞龙公司侵权产品及品牌主打综训生活、健身类别的鞋服产品线，该商品类别与安德阿镇公司商标核定使用类别构成相同或类似。

廷飞龙公司在商业经营中，包括在召开品牌发布会时，在全国招商广告、经营场所、宣传手册及样品间展示的鞋、篮球、护腕、T恤等商品上使用了被诉侵权标识" "" "，该系列商标标识分别与安德阿镇公司权利商标"UNDER ARMOUR"" "" "在图形构图及整体视觉效果上构成近似商标。结合安德阿镇公司系列商标在中国已具有较高知名度、为相关公众所熟知的事实，可以认定廷飞龙公司在本案中的被诉侵权行为构成侵害安德阿镇公司的注册商标权。

3.被告廷飞龙公司的行为构成不正当竞争

本案中，廷飞龙公司在明知安德阿镇公司系列商标，也明知安德玛（中国）有限公司并非实际权利人的情况下，仍在名片上标注公司名称"安德玛（中国）有限公司"，明显具有攀附安德阿镇公司商誉、误导消费者、不当占有相关产品市场份额的故意，以谋取不正当利益。作为同业竞争者，廷飞龙公司的行为违反了诚实信用、公平竞争的商业道德，损害了安德阿镇公司的利益，构成不正当竞争。

（七）一审判决

一审法院判决：（1）廷飞龙公司立即停止侵权行为，即停止在鞋服、运动用球等产品上使用侵权标识；（2）廷飞龙公司销毁含有侵权标识的鞋服、运动用球等侵权样品、宣传手册、海报、名片；（3）廷飞龙公司赔偿安德阿镇公司经济损失200万元；（4）廷飞龙公司在新浪网站刊登声明，消除影响；（5）驳回安德阿镇公司的其他诉讼请求。

（八）二审审理及判决

被告廷飞龙公司不服，向最高人民法院提起上诉，请求撤销一审判决，改判驳回安德阿镆公司的全部诉讼请求。

最高人民法院二审审理认定，一审判决认定事实清楚，适用法律正确，并判决驳回上诉，维持原判。

九、"洋河"驰名商标侵权及不正当竞争诉讼案[1]

（一）案件来源

北京知识产权法院（2017）京73民初1741号民事判决书

江苏省高级人民法院（2017）苏民终1781号民事判决书

（二）当事人信息

上诉人（原审被告）：徐州发洋食品有限公司

上诉人（原审被告）：江苏丹胜商贸有限公司

上诉人（原审被告）：汤某民

被上诉人（原审原告）：江苏洋河酒厂股份有限公司

原审被告：淮安他能量饮料有限公司

原审被告：宿迁市宿城区意鑫酒业经销处

---

[1] 即江苏洋河酒厂股份有限公司与徐州发洋食品有限公司、江苏丹胜商贸有限公司等涉"洋河"驰名商标侵权及不正当竞争纠纷案。

名称	权利商标一	被诉商标一	被诉商标二
注册号	1470448	5540137	12356049
商标图	洋河	洋河 Yanghe	洋河 Yanghe
商品/服务	第33类：葡萄酒、果酒（含酒精）、蒸馏酒精饮料、蒸馏饮料、含酒精果子饮料、含水果的酒精饮料等	第29类：肉、水果蜜饯、腌制蔬菜、蛋、牛奶制品、食用油、果冻等	第29类：肉、水果蜜饯、腌制蔬菜、蛋、食用油、果冻、加工过的瓜子、干食用菌、豆腐制品等

（三）裁判要旨

商标侵权判定一般是以在同一种或类似商品上使用与注册商标相同或者近似的商标为基本原则，但对于驰名商标而言可以跨类扩大保护。当被诉侵权商标与原告权利商标相同或近似，而原告商标指定使用商品类别与被诉商品不同时，原告请求审查认定其商标是否驰名的，应进行驰名商标认定。

在明知他人驰名商标知名度的情况下，注册与该驰名商标近似的商标，并通过授权他人使用获取利益，具有明显主观恶意，根据《驰名商标保护解释》第11条的规定，驰名商标权利人可请求法院判决禁止该申请人使用其恶意注册的商标。

（四）案情简介

原告江苏洋河酒厂股份有限公司（简称洋河酒厂）成立于2002年12月27日，公司类型为股份有限公司（上市），经营范围为白酒的生产、销售，预包装食品的批发与零售，粮食收购，自营和代理各类商品和技术的进出口，国内贸易。

2000年11月7日，洋河酒厂获准注册第1470448号"洋河"商标，核定使用商品为第33类：葡萄酒、果酒（含酒精）、蒸馏酒精饮料、蒸馏饮料、含酒精果子饮料、含水果的酒精饮料等。2002年3月12日，商标局认定该商标为驰名商标。

经过多年发展，洋河酒厂及其品牌获得多项荣誉，洋河酒厂对于"洋河"品牌的推广亦投入了大量费用，"洋河"商标及其产品得到公众的高度认可。

被告徐州发洋食品有限公司（自然人独资，简称发洋公司），法定代表人为汤某民。

被告江苏丹胜商贸有限公司（简称丹胜公司）系有限责任公司。

被告淮安他能量饮料有限公司（自然人独资，简称他能量公司），成立于2015年6月11日，经营范围为食品生产、日用百货销售。

被告宿迁市宿城区意鑫酒业经销处（简称意鑫酒业）系个体工商户。

被诉商标一第5540137号"洋河Yanghe"商标由汤某民于2009年5月20日授权核准注册，核准使用在第29类商品：肉、水果蜜饯、腌制蔬菜、蛋、牛奶制品、食用油、果冻等。

被诉商标二第12356049号"洋河Yanghe"商标由汤某民于2014年9月14日核准注册，核定使用在第29类商品：肉、水果蜜饯、腌制蔬菜、蛋、食用油、果冻、加工过的瓜子、干食用菌、豆腐制品等。

2016年9月12日，洋河酒厂通过被告意鑫酒业购买了标有"洋河Yanghe"标识的椰汁牛奶，外包装及包装瓶两侧均印有授权方：发洋公司；被委托方：他能量公司；运营商：丹胜公司，以及地址、服务热线等信息；外包装顶部印有"舌尖上的洋河挑逗你的味觉""营养多一些健康多一些"文字。

原告洋河酒厂于2016年就被告的侵权行为向南京市中级人民法院提起诉讼。

（五）诉辩意见

原告洋河酒厂诉请：（1）判令发洋公司、汤某民、他能量公司、丹胜公司、意鑫酒业禁止使用第5540137号"洋河"商标、第12356049号"洋河"商标及包含有"洋河"文字的商标；（2）判令发洋公司、汤某民、他能量公司、丹胜公司、意鑫酒业停止对"洋河"注册商标专用权的侵害以及停止不正当竞争行为；（3）判令发洋公司、汤某民、他能量公司、丹胜公司、意鑫酒业赔偿洋河酒厂经济损失及为制止侵权支付的合理费用50万元；（4）诉讼费用由发洋公司、汤某民、他能量公司、丹胜公司、意鑫酒业共同负担。

众被告答辩不构成侵权，请求法院驳回诉讼请求，主要理由为：（1）第5540137号"洋河"商标、第12356049号"洋河"商标注册人系汤某民，也是汤某民以个人名义授权给丹胜公司使用，不构成侵权；（2）洋河酒厂第1470448号"洋河"商标不构成驰名商标等。

（六）一审审理

1. 原告洋河酒厂第1470448号"洋河"商标可以认定为驰名商标加以特别保护

本案中，洋河酒厂第1470448号"洋河"商标核定使用商品为第33类。被控侵权产品为第29类椰奶饮料，两者不属于同一类别商品或类似商品。商标侵权判定一般是以在同一种或类似商品上使用与注册商标相同或者近似的商标为基本原则，但对于驰名商标而言，根据《商标法》（2013年修正）第13条的规定，可以跨类扩大保护。

洋河酒厂第1470448号"洋河"商标于2002年3月12日被商标局认定为驰名商标，且商标持续使用至今，并开展了大量宣传推广工作，可以认定为驰名商标。

2. 发洋公司、汤某民、他能量公司、丹胜公司、意鑫酒业的行为侵害洋河酒厂注册商标专用权

根据《商标纠纷解释》第1条第2项的规定，复制、摹仿、翻译他人注册的驰名商标或其主要部分在不相同或者不相类似商品上作为商标使用，误导公众，致使该驰名商标注册人的利益可能受到损害的，属于侵犯注册商标专用权行为。

本案中，被诉商标与权利商标第1470448号"洋河"商标文字部分一致，整体上构成近似，且容易造成混淆，对驰名商标权利人的合法权益造成了损害，构成商标侵权。

同时，权利商标第1470448号"洋河"商标于2002年已被商标局认定为驰名商标，被诉商标第5540137号"洋河Yanghe"商标、第12356049号"洋河Yanghe"商标分别注册于2009年和2014年，汤某民在明知洋河酒厂驰名商标的情况下，没有合理避让，反而申请注册了大量含有"洋河"字样的商标，其攀附洋河酒厂商誉的主观意图明显，具有"傍名牌"的侵权故意，系恶意注册，侵害了洋河酒厂享有的商标专用权。

3. 发洋公司、汤某民、他能量公司、丹胜公司、意鑫酒业的行为构成不正当竞争

根据《反不正当竞争法》第6条第2项的规定，擅自使用他人的企业名称或者姓名，引人误认是他人的商品的，构成不正当竞争。

本案中，洋河酒厂的企业名称在长期经营、对外宣传中一直使用"洋河"字号作为企业简称，从在案证据来看，社会公众、媒体以及官方也已经习惯使用"洋河"来指代洋河酒厂，所以"洋河"是具有很高市场知名度并为公众认知的洋河酒厂的企业简称。另外，被控侵权产品上印有"舌尖上的洋河"宣传文字，具有明显攀附洋河酒厂商誉的主观意图，足以误导公众将其产品与洋河酒厂发生混淆、误认或建立联系，构成对洋河酒厂的不正当竞争。

（七）一审判决

一审法院判决：（1）发洋公司、汤某民、他能量公司、丹胜公司停止使用第5540137号"洋河"商标、第12356049号"洋河"商标的行为；（2）发洋公司、汤某民、他能量公司、丹胜公司、意鑫酒业停止侵害洋河酒厂第1470448号"洋河"商标专用权及不正当竞争的行为；（3）发洋公司、汤某民、丹胜公司赔偿洋河酒厂经济损失及为制止侵权行为所支出的合理开支共50万元；（4）驳回洋河酒厂的其他诉讼请求。

（八）二审审理及判决

被告发洋公司、丹胜公司、汤某民不服，向江苏省高级人民法院提起上诉，请求撤销一审判决。

江苏省高级人民法院二审审理认定，一审判决认定事实清楚，适用法律正确，并判决驳回上诉，维持原判。

十、"阿里巴巴"驰名商标侵权及不正当竞争诉讼案[1]

（一）案件来源

杭州市中级人民法院（2019）浙01民初4430号民事判决书

浙江省高级人民法院（2021）浙民终1684号民事判决书

（二）当事人信息

原告：阿里巴巴集团控股有限公司（Alibaba Group Holding Limited）

原告：阿里云计算有限公司

被告：广州市金杰投资顾问有限公司

（三）裁判要旨

根据《权利冲突司法解释》第1条的规定，人民法院并不受理涉及两个注册商标之间冲突的民事纠纷案件。但为加强对驰名商标的保护，对于驰名商标与其他注册商标之间的冲突，根据《驰名商标保护解释》第11条的规定，如被告使用的注册商标系复制、摹仿或者翻译原告驰名商标，构成侵犯商标权的，人民法院应当根据原告的请求，依法判决禁止被告使用该注册商标。

---

[1] 即阿里巴巴集团控股有限公司、阿里云计算有限公司与广州市金杰投资顾问有限公司涉"阿里巴巴"驰名商标侵权及不正当竞争纠纷案。

（四）案情简介

原告阿里巴巴集团控股有限公司（简称阿里巴巴集团）以及"阿里巴巴"品牌及商标客户广泛，创收巨大，知名度高，享誉全国乃至全球。

原告阿里云计算有限公司（简称阿里云公司）成立于2008年4月8日，经营范围包括经营电信业务、服务，已成为全球三大公共云服务提供商之一。

权利商标一第7669034号"阿里云"商标由阿里巴巴集团注册，核定使用服务为第35类：广告、数据通讯网络上的在线广告、商业管理辅助、替他人推销等，有效期自2011年1月21日至2021年1月20日。

权利商标二第7669087号"阿里云"商标由阿里巴巴集团注册，核定使用服务为第42类：研究与开发、无形资产评估、计算机软件咨询、计算机编程、提供互联网搜索引擎等，商标于2009年9月3日注册，有效期自2011年1月7日至2021年1月6日。

权利商标三第7669163号"Aliyun"商标由阿里巴巴集团注册，核定使用服务为第35类：广告、数据通讯网络上的在线广告、商业管理辅助、替他人推销等，商标有效期自2010年12月28日至2020年12月27日。

权利商标四第3068446号"阿里巴巴"商标由阿里巴巴（中国）网络技术有限公司注册，核定使用服务为第35类：数据通讯网络上的在线广告、替他人作中介、广告代理等。商标有效期自2007年5月7日至2017年5月6日，并续展至2027年5月6日。2012年5月20日，商标受让给杭州阿里巴巴公司。

2019年11月4日，原告阿里巴巴集团出具"授权与确认函"，将第7669034号"阿里云"商标、第7669087号"阿里云"商标、第7669163号"Aliyun"商标许可给阿里云公司使用，并授权其对侵犯知识产权行为提起法律行动。

2019年12月2日，杭州阿里巴巴公司出具"授权与确认函"，将第3068446号"阿里巴巴"商标许可给阿里巴巴集团使用，并授权其对侵犯知识产权行为提起法律行动。

被告广州市金杰投资顾问有限公司（简称金杰公司）成立于2008年3月13日，注册资本为50万元，经营范围包括咨询服务、商品零售贸易、商品批发贸易、预包装食品零售、企业管理咨询服务、商品信息咨询服务等。

被诉侵权商标一第10839377号"阿里云"商标由金杰公司于2012年4月27日申请注册，并于2013年7月28日核准授权，有效期至2023年7月27日，核定使用商品为第3类：美容面膜、化妆品、芳香剂、口红、指甲油、洗发液、梳妆用品等。2016年11月，商标评审委员会作出裁定，裁定商标予以无效宣告。金杰公司不服，提起行政诉讼。北京知识产权法院一审判决撤销商标评审委员会裁定，要求重新作出裁定。阿里巴巴集团不服，提起上诉，北京市高级人民法院作出终审判决，驳回上诉，维持原判。2020年7月，国家知识产权局重新作出裁定，裁定商标予以无效宣告。

被诉侵权商标二第18743885号"ALIYUN"商标由金杰公司于2017年2月7日核准授权，有效期至2027年2月6日，核定使用商品为第3类：美容面膜、化妆品、芳香剂、口红、指甲油、洗发液、梳妆用品等。2020年7月，国家知识产权局作出裁定，裁定商标予以无效宣告。

另外，金杰公司自2014年开始，分别注册了多件"阿里云""阿里云美丽小铺""ALIYUNBEAUTY"等商标，均处于不予核准注册、商标注册受理、驳回等阶段。

2019年开始，金杰公司在生产、销售的化妆品上使用被诉标识"阿里云""ALIYUN""阿里云美丽小铺""ALIYUNBEAUTY"标识，并通过线上线下经营模式，以及推广销售其他品牌产品及服务中使用被诉标识"阿里云""ALIYUN""阿里云美丽小铺""ALIYUNBEAUTY""阿里云e商智慧零售""阿里云美丽小铺""ALIYUN阿里云美丽小铺""阿里云美丽小铺e商城"等。

两原告于2019年12月就被告的侵权行为向杭州市中级人民法院提起诉讼。

（五）诉辩意见

两原告诉请：（1）认定第35类第3068446号"阿里巴巴"商标、第42类第7669087号"阿里云"商标为驰名商标，判令金杰公司停止侵犯商标专用权的行为，禁止使用金杰公司的第10839377号"阿里云"商标、第18743885号"ALIYUN"商标，并停止在化妆品上使用"阿里云""ALIYUN""阿里云美丽小铺""ALIYUNBEAUTY"标识；（2）判令金杰公司停止侵犯第7669034号"阿里云"、第7669163号"Aliyun"注册商标专用权的行为，停止线上线下推广经营模式，以及推广销售其他品牌产品及服务中使用"阿里云""ALIYUN""阿里云美丽小铺""ALIYUNBEAUTY""阿里云e商智慧零售""阿里云美丽小铺""ALIYUN阿里云美丽小铺""阿里云美丽小铺e商城"标识；（3）判令金杰公司停止在官网微信公众号虚假宣传的不正当竞争行为；（4）判令金杰公司赔偿经济损失800万元；（5）判令金杰公司在新浪网时尚板块、《中国知识产权报》以及《杭州日报》发表书面声明，消除影响；（6）判令金杰公司承担诉讼费用。

被告答辩不构成侵权，请求法院驳回诉讼请求，主要理由为：（1）原告第35类第3068446号"阿里巴巴"商标、第42类第7669087号"阿里云"商标未达到驰名程度；（2）金杰公司享有合法有效的注册商标专用权，并合法进行商品销售，不构成侵权。

（六）一审审理

第一，原告第3068446号"阿里巴巴"商标应认定为驰名商标，并给予特别保护。

根据《权利冲突司法解释》第1条的规定，人民法院并不受理涉及两个注册商标之间冲突的民事纠纷案件。但是为加强对驰名商标的保护，对于驰名商标与其他注册商标之间的冲突，根据《驰名商标保护解释》第11条的规定，如被告使用的注册商标系复制、摹仿或者翻译原告驰名商标，构成侵犯商标权的，人民法院应当根据原告的请求，依法判决禁止被告使用该注册商标。

本案中，原告指控被告金杰公司在化妆品上使用"阿里云""ALIYUN""阿里云美丽小铺""ALIYUNBEAUTY"标识的行为构成商标侵权，但因被告金杰公司主张其合法使用被诉侵权商标一第10839377号"阿里云"和被诉侵权商标二第18743885号"ALIYUN"商标。因此，本案有必要对原告第3068446号"阿里巴巴"商标是否构成驰名商标作出认定。在案证据显示，原告第3068446号"阿里巴巴"商标在2012年之前使用至今，在第35类广告、替他人推销等服务上，构成驰名商标。

第二，被告金杰公司在其生产、销售的化妆品上使用标识"阿里云""ALIYUN""阿里云美丽小铺""ALIYUNBEAUTY"的行为构成对第3068446号"阿里巴巴"驰名商标专用权的侵犯。

本案中，金杰公司在其化妆品商品、外包装及票据上使用"阿里云""ALIYUN""阿里云美丽小铺""ALIYUNBEAUTY"，该行为属于将商标用于商品、商品包装或者容器以及商品交易文书上等商业活动中，起到识别商品来源的行为，属于商标法上的商标使用。根据相关公众的呼叫和记忆习惯，被控侵权标识中的"阿里云"中具有识别作用的系"阿里"文字。"阿里云美丽小铺"中小铺系店铺的名称，"美丽"系化妆品的作用，系化妆产品中的常用词汇，故其中起到识别商品来源作用的为"阿里"文字。而第3068446号"阿里巴巴"注册商标中最显著的亦为"阿里"文字，足以认定"阿里云""阿里云美丽小铺"是对涉案第3068446号"阿里巴巴"注册商标的复制、摹仿。

权利商标一第3068446号"阿里巴巴"注册商标核定使用的服务为第35类，而前述被控侵权标识主要使用在化妆品上，两者不属于相同或类似商品或服务。但是，被诉侵权的化妆品与第35类广告、为消费者提供商业信息和建议在功能、用途、销售渠道及销售习惯等方面存在一定的联系。

金杰公司作为申请注册人明知涉案第3068446号"阿里巴巴"商标在广告、商业专业咨询、商业信息、计算机数据库信息化服务上具有较高知名度，本应进行合理避让的情况下，仍在与之具有一定关联的化妆品上使用与"阿里巴巴"近似的"阿里云""ALIYUN""阿里云美丽小铺""ALIYUNBEAUTY"标识，申请注册近似的第10839377号"阿里云"、第18743885号"ALIYUN"商标，且金杰公司申请注册了数件与"阿里巴巴""阿里云"相关的商标，其申请注册主观恶意明显，容易使相关公众误认为双方之间存在某种特定联系，从而减弱"阿里巴巴"商标的显著性或不正当利用"阿里巴巴"商标的市场声誉，致使阿里巴巴集团利益可能受损，构成对涉案第3068446号"阿里巴巴"注册商标专用权的侵犯。

第三，金杰公司在推广线上线下经营模式以及推广销售其他品牌产品及服务中使用"阿里云e商智慧零售""阿里云美丽小铺""ALIYUN阿里云美丽小铺""阿里云""ALIYUN""ALIYUNBEAUTY""阿里云美丽小铺e商城"标识，构成对权利商标第7669034号"阿里云"、第7669163号"Aliyun"商标专用权的侵犯。

本案中，金杰公司在其运营的官方微信公众号"阿里云美丽小铺e商城"及官方微信商城"阿里云美丽小铺e商城"销售其他品牌产品及服务，在线上店铺主页（jinjie.5588.tv）以及其经营场所进行宣传招商、推广其零售模式，并授权线下加盟店使用"阿里云e商智慧零售""阿里云美丽小铺""ALIYUN阿里云美丽小铺""阿里云""ALIYUN""ALIYUNBEAUTY""阿里云美丽小铺e商城"标识，该行为属于将标识用于商品、商品包装或者容器以及商品交易文书上，或者将商标用于广告宣传、展览以及其他商业活动中，起到了识别商品来源的作用，符合商标法意义上的商标使用。

同时，本案中"阿里云e商智慧零售""阿里云美丽小铺""ALIYUN

阿里云美丽小铺""阿里云""ALIYUN""ALIYUNBEAUTY""阿里云美丽小铺e商城"各标识，均完全包含"阿里云"或"ALIYUN"。根据相关公众的呼叫和记忆习惯，"阿里云""ALIYUN"是被诉侵权标识中最具识别性的部分，且金杰公司对上述标识与涉案第7669034号"阿里云"、第7669163号"Aliyun"注册商标构成相同或近似无异议，故认定上述标识与涉案第7669034号"阿里云"、第7669163号"Aliyun"注册商标构成相同或近似。

阿里巴巴集团、阿里云公司主张权利的涉案第7669034号"阿里云"、第7669163号"Aliyun"注册商标核定使用的服务均为第35类，均包含广告、数据通讯网络上的在线广告、商业管理辅助、替他人推销等服务。本案中，金杰公司使用被诉侵权标识所指向的系推广其自身的商业模式，进行加盟招商、推广销售其他品牌产品及服务，与第7669034号"阿里云"、第7669163号"Aliyun"注册商标核定使用的服务类别相比，相关公众对服务功能、用途、销售渠道等方面的一般认知来看，属于相同类别。

综上，金杰公司上述使用相关标识的行为，系未经商标注册人的许可，在同一种服务上使用与第7669034号"阿里云"、第7669163号"Aliyun"注册商标相同或近似的商标，容易导致混淆的行为，侵犯了阿里巴巴集团、阿里云公司涉案第7669034号"阿里云"、第7669163号"Aliyun"注册商标专用权。

（七）一审判决

一审法院判决：（1）金杰公司停止侵犯第3068446号"阿里巴巴"商标专用权的行为，停止在其制造、销售的化妆品上使用"阿里云""ALIYUN""阿里云美丽小铺""ALIYUNBEAUTY"标识，并禁止使用第10839377号"阿里云"商标、第18743885号"ALIYUN"商标；（2）金杰公司停止侵犯第7669034号"阿里云"、第7669163号

"Aliyun"注册商标专用权的行为，停止线上线下推广经营模式，以及推广销售其他品牌产品及服务中使用"阿里云""ALIYUN""阿里云美丽小铺""ALIYUNBEAUTY""阿里云e商智慧零售""阿里云美丽小铺""ALIYUN阿里云美丽小铺""阿里云美丽小铺e商城"标识；（3）金杰公司停止虚假宣传的不正当竞争行为；（4）判令金杰公司在《中国知识产权报》刊登声明，消除影响；（5）判令金杰公司赔偿经济损失300万元；（6）判令金杰公司承担诉讼费用。

（八）二审审理及判决

金杰公司不服一审判决，提起上诉。浙江省高级人民法院审理认为一审判决认定事实清楚，适用法律正确，并判决驳回上诉，维持原判。

第五章

在先商标与在后商号的权利冲突案例应用

一、"宝岛"商标侵权诉讼案[1]

(一)案件来源

四川省成都市中级人民法院(2013)成民初字第992号民事判决书

四川省高级人民法院(2018)川民终417号民事判决书

最高人民法院(2020)最高法民再380号民事判决书

(二)当事人信息

再审申请人(一审原告、二审上诉人):晶华宝岛(北京)眼镜有限公司

被申请人(一审被告、二审被上诉人):福建宝岛眼镜(连锁)有限公司

---

1 即晶华宝岛(北京)眼镜有限公司、福建宝岛眼镜(连锁)有限公司侵害商标权纠纷案。

（三）裁判要旨

对于注册商标与企业名称、字号之间的冲突，应当区分不同情况，按照诚实信用、保护在先权利、维护公平竞争和避免混淆等原则，依法处理。如果注册使用企业名称的行为本身并不具有恶意，只是在实际使用过程中，由于企业名称的简化使用、突出使用等不规范使用行为，导致相关公众将其与他人注册商标产生混淆误认的，属于商标侵权行为，可以要求相关企业规范使用其企业名称。

如果注册使用企业名称的行为本身缺乏正当性，不正当地将他人具有较高知名度的在先注册商标作为字号注册登记为企业名称，即使规范使用仍容易产生市场混淆的，可以按照不正当竞争行为加以处理。

（四）案情简介

原告晶华宝岛（北京）眼镜有限公司（简称晶华宝岛北京公司）于2006年12月26日成立，经营范围包括眼镜（包括隐形眼镜）、眼镜配件和辅料的进出口、批发和零售，佣金代理（拍卖除外）、眼镜销售方面的商业资讯、技术交流、验光配镜、维修眼镜。

被告福建宝岛眼镜（连锁）有限公司（简称福建宝岛公司）于2006年5月30日成立，股东为陈某福和郑某宁，陈某福任法定代表人，经营范围包括眼镜及配件、镜架、光学镜片、隐形眼镜批发、代购代销，负责各门市店货品的配供，验光配镜服务，眼镜技术研究、开发、资讯、管理服务。

案外人宝岛光学股份有限公司系在我国台湾地区注册成立的公司，于1994年11月28日注册取得权利商标一第772859号"宝岛"商标，核准商品第42类眼镜行（包括验光、配镜、修缮等服务）；于2000年5月7日注册取得权利商标二第1394775号"宝岛"商标，核准商品第42类眼镜行（包括验光、配镜、修缮等服务）。期间，上述两权利商标注册有效期限已分别被续展至2014年11月27日和2020年5月6日。

其后十年间，上述两权利商标经历了四次转让和两次注册人名义变更，并最终于2010年8月13日转让至位于香港特别行政区的宝岛眼镜商业咨询有限公司。

2010年9月1日，宝岛眼镜商业咨询有限公司将上述两权利商标许可给晶华宝岛北京公司使用，并授权可单独向法院提起诉讼的诉权。

2013年5月21日，晶华宝岛北京公司委托代理人通过公证方式发现福建宝岛公司在其公司网站的页面上，以及特许经营过程中，使用有"宝岛眼镜（连锁）公司""宝岛眼镜"及"宝岛眼镜（连锁）"字样。

福建宝岛公司法定代表人兼股东陈某福在2006年前，担任福州宝岛公司总经理；福建宝岛公司另一股东郑某宁系苏州宝岛公司承包人。

福州宝岛公司曾于2004年12月6日与宝岛光学科技有限公司（2002年5月31日至2006年1月21日持有涉案商标权）达成和解，约定停止在店招、眼镜盒、交易文书、广告宣传（促销）单上仅使用"宝岛眼镜"字样。

对此，晶华宝岛北京公司以侵犯商标权为由向成都市中级人民法院提起诉讼。

（五）诉辩意见

原告晶华宝岛北京公司诉请：（1）判令福建宝岛公司停止在其网站上和特许经营过程中使用"宝岛眼镜""宝岛眼镜（连锁）""宝岛眼镜（连锁）公司"字样，将企业名称变更为不含"宝岛"字样；（2）在《法制日报》上刊登声明以消除影响；（3）赔偿经济损失50万元。

被告福建宝岛公司答辩：（1）福建宝岛公司使用"宝岛"字样作为企业字号是合法、合理的，不构成不正当竞争；（2）福州宝岛公司在其企业名称中使用"宝岛"字样已形成在先权利，依法应受到认可和保护。而福建宝岛公司的设立，传承了福州宝岛公司创设的"宝岛"字号的品牌和商誉，具有合法性、正当性、合理性。

（六）一审审理

第一，福建宝岛公司在其公司网页、经营活动中使用"宝岛眼镜（连锁）公司""宝岛眼镜""宝岛眼镜（连锁）"字样构成对两权利商标专用权的侵犯。

福建宝岛公司宣传、经营行为的范围与涉案两权利商标核定的服务类别相同，均属于眼镜行服务。福建宝岛公司在网页宣传和特许经营中使用的"宝岛眼镜（连锁）""宝岛眼镜""宝岛眼镜（连锁）公司"字样都没有完整表述其企业名称，而是通过不规范简称来突出"宝岛"字样，使"宝岛"字样成为指引相关消费者判断服务来源的唯一识别依据。此外，"宝岛"字样与"眼镜"二字的连接使用，进一步加深了相关消费者的误认，构成对晶华宝岛北京公司就第772859号"寶島"商标和第1394775号"宝岛"商标所享有的独占被许可使用权的侵害。

第二，福建宝岛公司在企业名称中使用"宝岛"字样不构成不正当竞争。

本案中，晶华宝岛北京公司未能举证证明福建宝岛公司在企业名称中使用"宝岛"字样的行为具有攀附涉案两商标商誉的故意。相反，福建宝岛公司举证证明了其将"宝岛"字样用于企业名称具备正当理由。考虑到晶华宝岛北京公司亦未能举证证明涉案两商标在福建宝岛公司成立时已达到了其他企业的名称应避让"宝岛"字样的知名程度，故福建宝岛公司在企业名称中使用"宝岛"字样的行为不构成对晶华宝岛北京公司的不正当竞争。

（七）一审判决

一审法院判决：（1）福建宝岛公司立即停止在网页宣传和特许经营活动中使用"宝岛眼镜""宝岛眼镜（连锁）"或"宝岛眼镜（连锁）公司"字样；（2）福建宝岛公司在《法制日报》上就其商标侵权行为刊登声明，以消除影响；（3）福建宝岛公司赔偿晶华宝岛北京公司经济损失30万元；（4）驳回晶华宝岛北京公司的其他诉讼请求。

（八）二审审理及判决

原告晶华宝岛北京公司、被告福建宝岛公司均不服一审判决，均向四川省高级人民法院提起上诉。

四川省高级人民法院经审理，认为一审判决认定事实清楚，适用法律正确，并判决驳回上诉，维持原判。裁判要点：（1）福建宝岛公司在其公司网页上，以及特许经营活动中突出使用"宝岛眼镜""宝岛眼镜（连锁）""宝岛眼镜（连锁）公司"等字样的行为侵犯了权利商标第772859号"寶鳥"商标和第1394775号"宝岛"商标专用权；（2）福建宝岛公司在企业名称中登记"宝岛"字样具有正当合理理由，符合客观事实，晶华宝岛北京公司关于福建宝岛公司注册含有"宝岛"字样的企业名称并使用至今构成不正当竞争的主张不能成立。

（九）再审审理

原告晶华宝岛北京公司向最高人民法院申请再审，最高人民法院于2020年裁定再审，并提审本案。

最高人民法院经审理认为，现有证据尚不足以证明福建宝岛公司在注册时已经从福州宝岛公司处获得了"宝岛"字号的绝对权益并可以据此对抗他人在先注册商标专用权。涉案两权利商标第772859号"寶鳥"商标和第1394775号"宝岛"商标在眼镜行等服务上享有在先注册商标专用权，且在福建宝岛公司成立之时在相关市场上已经具有一定的知名度，福建宝岛公司区别不同市场主体主要标志的企业名称"宝岛"与涉案两商标的主要识别部分相同，容易引起公众误认二者存在某种联系或为同一市场主体，使他人对其服务来源产生混淆。而且，从福建宝岛公司使用"宝岛"字号的方式来看，其在实际使用中主要是通过简化企业名称的方式突出使用

"宝岛"字号，这种突出使用方式已经一、二审判决认定为商标侵权，其亦一定程度上能够证明福建宝岛公司在注册"宝岛"字号及使用时具有攀附"宝岛"商标声誉、"搭便车"的主观故意，其行为在性质上属于违背诚实信用原则、容易引起市场混淆的不正当竞争行为。对于违反诚实信用原则，使用与他人注册商标中的文字相同或者近似的企业字号，足以使相关公众对其商品或者服务的来源产生混淆的，构成不正当竞争。为了避免消费者的混淆，保护经营者和消费者的合法权益，维护公平的市场竞争秩序，晶华宝岛北京公司主张福建宝岛公司应当停止在企业名称中使用"宝岛"字号具有事实和法律依据，应予支持。

（十）再审判决

再审法院判决：（1）撤销四川省高级人民法院（2018）川民终417号民事判决；（2）维持四川省成都市中级人民法院（2013）成民初字第992号民事判决第一、二、三项；（3）撤销四川省成都市中级人民法院（2013）成民初字第992号民事判决第四项；（4）自本判决生效之日起三十日内，福建宝岛公司停止在企业名称中使用"宝岛"字号；（5）驳回晶华宝岛北京公司的其他诉讼请求。

二、"王将"商标侵权及不正当竞争诉讼案[1]

(一)案件来源

辽宁省大连市中级人民法院(2007)大民知初字第20号民事判决书

辽宁省高级人民法院(2009)辽民三终字第49号民事判决书

最高人民法院(2010)民提字第15号民事判决书

(二)当事人信息

申请再审人(一审被告、二审上诉人):王将饺子(大连)餐饮有限公司

被申请人(一审原告、二审被上诉人):李某廷

(三)裁判要旨

第一,注册商标和企业名称均是依照相应的法律程序获得的标志权利,分属不同的标志序列,依照相应法律受到相应的保护。对于注册商标与企业名称之间的纠纷,人民法院应当区分不同的情形,按照诚实信用、维护公平竞争和保护在先权利等原则,依法处理。如果注册使用企业名称本身具有不正当性,比如不正当地将他人具有较高知名度的在先注册商标

---

[1] 即李某廷与王将饺子(大连)餐饮有限公司涉"王将"侵害商标权及不正当竞争纠纷案。

作为字号注册登记为企业名称，即使规范使用仍足以产生市场混淆的，可以按照不正当竞争处理；如果是不规范使用企业名称，在相同或者类似商品上突出使用与他人注册商标相同或相近的企业的字号，容易使相关公众产生误认的，属于给他人注册商标专用权造成其他损害的行为，依法按照侵犯商标专用权行为处理。相应地，人民法院应当依据《权利冲突司法解释》第4条的规定，根据原告的诉讼请求和案件具体情况，确定被告应当承担的民事责任。

第二，如果不正当地将他人具有较高知名度的在先注册商标作为字号注册登记为企业名称，注册使用企业名称本身即违法，不论是否突出使用均难以避免产生市场混淆的，可以根据当事人的请求判决停止使用或者变更该企业名称；如果企业名称的注册使用并不违法，只是因突出使用其中的字号而侵犯注册商标专用权的，判决被告规范使用企业名称、停止突出使用行为即足以制止被告的侵权行为，因此这种情况下不宜判决停止使用或者变更企业名称。规范使用企业名称与停止使用或变更企业名称是两种不同的责任承担方式，不能因突出使用企业名称中的字号从而侵犯商标专用权就一律判决停止使用或变更企业名称。

（四）案情简介

权利商标第3192768号"王将"商标由李某廷于2003年12月7日核准注册，核定服务第43类，即住所（旅馆、供膳寄宿处）、养老院、咖啡馆、自助餐厅、饭店、日间托儿所、旅馆预订、快餐馆、鸡尾酒会服务、会议室出租。

1999年9月9日，哈尔滨王将食品有限公司（简称哈尔滨王将公司）成立，法定代表人系李某廷。哈尔滨王将公司先后成立嵩山分店和大安分店，其负责人均为李某廷。前述哈尔滨王将公司及其分店使用了"王将"字样的招牌。

2005年1月6日，日本王将株式会社投资成立的王将餐饮有限公司获得外商投资企业批准证书，并设立分支机构王将餐饮有限公司开发区分店。2005年11月18日，王将餐饮有限公司经核准变更名称为现名称王将饺子（大连）餐饮有限公司（简称大连王将公司），并领取了营业执照，经营范围为餐饮，注册资金为一亿五千万日元。2006年4月26日，大连经济技术开发区经济贸易局批准大连王将公司股东变更为日本王将株式会社。

2005年11月15日，哈尔滨市第二公证处分别在大连王将公司位于大连商场新玛特一楼的总店和位于大连经济技术开发区辽宁街52-7号的分店内，对大连王将公司的店外招牌、店内筷子套等餐具包装、菜谱、茶具上使用了"王将"字样服务标识以及在菜谱、茶具及发票印鉴上使用了"王将"字样服务标识的事实进行了公证拍照，并作出（2005）哈二证内民字第692号公证书。

2006年9月19日，大连王将公司和日本王将株式会社以李某廷抢注了其商标和字号为由向商标评审委员会提出撤销第3192768号"王将"商标的申请。商标评审委员会于2008年4月23日作出了维持该商标有效的裁定。

2007年3月22日，李某廷以侵犯商标专用权为由起诉至大连市中级人民法院。

（五）诉辩意见

原告李某廷诉请：（1）判令大连王将公司停止侵犯"王将"商标专用权的行为；（2）判令大连王将公司变更企业名称，公开赔礼道歉；（3）判令大连王将公司承担经济损失50万元等。

被告大连王将公司答辩：（1）本案应当中止审理；（2）大连王将公司的企业名称是依法获得的，其正当使用企业名称、字号、招牌等行为不构成侵权。

（六）一审审理

1.大连王将公司使用服务标识"王将"构成对权利商标专用权的侵犯

大连王将公司未经李某廷许可，在与权利商标第3192768号"王将"商标核准服务项目相同的范围内突出使用与注册商标相同的"王将"文字服务标识，容易引起混淆误认，依法应认定构成商标侵权。

2.大连王将公司使用企业字号"王将"构成不正当竞争

大连王将公司注册包含"王将"字号的企业名称是在李某廷第3192768号"王将"商标注册之后，且企业经营范围包含在该注册商标的核定服务项目范围之内。大连王将公司企业名称虽系有关行政部门核准登记后使用，但在企业名称权利的形式合法性与在先权利冲突的情况下，不能以其形式合法而认定其具备实质合法性，法院仍应依照有关的法律规则裁判其是否构成侵犯在先合法权利。

（七）一审判决

一审法院判决：（1）大连王将公司于判决生效后十五日内在李某廷"王将"商标注册证核定服务项目的范围内停止使用含有"王将"字样的企业名称；（2）大连王将公司于判决生效后立即停止使用"王将"字样的服务标识；（3）大连王将公司于判决生效后十五日内赔偿李某廷经济损失25万元及合理开支5000元；（4）驳回李某廷的其他诉讼请求。

（八）二审审理及判决

被告大连王将公司不服一审判决，向辽宁省高级人民法院提起上诉。

辽宁省高级人民法院经审理，认为一审判决认定事实清楚，适用法律正确，并于2009年4月8日判决驳回上诉，维持原判。

二审审理要点：大连王将公司注册包含"王将"字样的企业名称在

李某廷"王将"文字商标注册之后,且经营范围包含在李某廷注册商标的核定服务项目范围之内,企业名称虽经行政部门核准登记后使用,但与在先权利相冲突,属于给他人注册商标专用权造成损害的行为,侵犯了李某廷的商标权。

(九)再审审理

大连王将公司于2009年向最高人民法院申请再审,最高人民法院于2009年11月裁定再审,并提审本案。最高人民法院经审理认为:

注册商标和企业名称均是依照相应的法律程序获得的标志权利,分属不同的标志序列,依照相应法律受到相应的保护。对于注册商标与企业名称之间的纠纷,人民法院应当区分不同的情形,按照诚实信用、维护公平竞争和保护在先权利等原则,依法处理。如果注册使用企业名称本身具有不正当性,比如不正当地将他人具有较高知名度的在先注册商标作为字号注册登记为企业名称,即使规范使用仍足以产生市场混淆的,可以按照不正当竞争处理;如果是不规范使用企业名称,在相同或者类似商品上突出使用与他人注册商标相同或相近的企业的字号,容易使相关公众产生误认的,属于给他人注册商标专用权造成其他损害的行为,依法按照侵犯商标专用权行为处理。相应地,人民法院应当依据《权利冲突司法解释》第4条的规定,根据原告的诉讼请求和案件具体情况,确定被告应当承担的民事责任。

如果不正当地将他人具有较高知名度的在先注册商标作为字号注册登记为企业名称,注册使用企业名称本身即违法,不论是否突出使用均难以避免产生市场混淆的,可以根据当事人的请求判决停止使用或者变更该企业名称;如果企业名称的注册使用并不违法,只是因突出使用其中的字号而侵犯注册商标专用权的,判决被告规范使用企业名称、停止突出使用行为即足以制止被告的侵权行为,因此这种情况下不宜判决停止使用或者变更企业名称。规范使用企业名称与停止使用或变更企业名称是两种不同的责任承担方式，不能因突出使用企业名称中的字号从而侵犯商标专用权就一律判决停止使用或变更企业名称。

本案中，虽然李某廷的"王将"商标注册在先，但其仅在黑龙江省哈尔滨市实际使用，且在大连王将公司注册登记企业名称时并未具有较高知名度。同时，由于大连王将公司是日本王将株式会社投资成立的，大连王将公司以"王将"为字号注册其企业名称，具有一定合理性。如果大连王将公司在经营活动中规范使用其王将饺子（大连）餐饮有限公司的企业名称，不足以导致相关公众的混淆误认。因此大连王将公司注册使用企业名称本身并不违法。

虽然大连王将公司注册使用企业名称本身并无不当，但是，大连王将公司没有规范使用其企业名称，而在其招牌、招贴和餐具等突出使用其字号，其所使用的标志"王将"与李某廷在先核准注册的商标标志虽存在一些差异，但这种差异是细微的，以相关公众的一般注意力难以区分，使用在相同服务上，容易使相关公众产生误认。根据《商标纠纷解释》第1条的规定，大连王将公司的上述行为侵犯了李某廷的注册商标专用权，其应当停止相应侵权行为并赔偿李某廷的经济损失。

（十）再审判决

再审法院判决：（1）撤销辽宁省高级人民法院（2009）辽民三终字第49号民事判决；（2）维持辽宁省大连市中级人民法院（2007）大民知初字第20号民事判决第三、四、五项，即大连王将公司于判决生效后十五日内赔偿李某廷经济损失25万元及合理开支5000元；（3）撤销辽宁省大连市中级人民法院（2007）大民知初字第20号民事判决第一、二项，即大连王将公司于判决生效后十五日内在李某廷"王将"商标注册证核定服务项目的范围内停止使用含有"王将"字样的企业名称；于判决生效后立即停止使用"王将"字样的服务标识；（4）大连王将公司于判决生效后立即规范使用其企业名称，停止突出使用"王将"等侵犯李某廷注册商标专用权的行为；（5）驳回李某廷的其他诉讼请求。

三、"钱柜"商标侵权及不正当竞争诉讼案[1]

（一）案件来源

广东省深圳市宝安区人民法院（2016）粤0306民初3632号民事判决书

广东省深圳市中级人民法院（2017）粤03民终14941号民事判决书

（二）当事人信息

上诉人（原审原告）：钱柜企业股份有限公司

上诉人（原审被告）：深圳市宝安区石岩钱柜爵士乐量贩式卡拉OK

（三）裁判要旨

人民法院处理包括企业名称权与在先商标权在内的知识产权权利冲突，始终遵循保护在先权利、维护公平竞争和诚实信用三大基本原则。如果注册使用企业名称本身具有不正当性，比如不正当地将他人具有较高知名度的在先注册商标作为字号注册登记为企业名称，即使规范使用仍足以产生市场混淆的，可以按照不正当竞争处理；如果是不规范使用企业名称，在相同或者类似商品上突出使用与他人注册商标相同或相近似的企业字号，容易使相关公众产生误认的，属于给他人注册商标专用权造成其他损害的行为，依法按照侵犯商标专用权行为处理。

---

[1] 即钱柜企业股份有限公司与深圳市宝安区石岩钱柜爵士乐量贩式卡拉OK涉"钱柜"侵害商标权及不正当竞争纠纷案。

人民法院在判断被诉者注册并使用企业名称的行为是否构成对在先商标权人的不正当竞争时，主要考量以下三个因素：（1）他人的商标是否先于被诉者的企业名称而注册并通过使用已取得一定的知名度；（2）经营者将他人商标作为企业字号注册并使用，是否具有攀附他人在先商标知名度的主观意图；（3）经营者在经营过程中使用字号的行为是否可能误导相关公众，造成相关公众对于经营者的字号与他人在先注册商标的混淆误认。

关于责任承担：如果企业名称的注册使用并不违法，只是因突出使用其中的字号而侵犯注册商标专用权，判令被告规范使用企业名称，停止突出使用行为，即足以制止被告的侵权行为；相反，如果不正当地将他人具有较高知名度的在先注册商标作为字号注册登记为企业名称，注册使用企业名称本身即违法，不论是否突出使用均难以避免产生市场混淆误认的，则可以根据当事人的请求判令停止使用或者变更该企业名称。

（四）案情简介

原告钱柜企业股份有限公司（简称钱柜公司）系下列注册商标的专用权人：（1）第779781号"钱櫃"；（2）第3214676号"PARTYWORLD 歡樂派對"；（3）第3214677号"錢櫃 PARTYWORLD"；（4）第4003164号"錢柜"；（5）第4003165号"錢柜 PARTYWORLD"；（6）第4003716号"PARTYWORLD"；（7）第6744917号"錢櫃"。上述注册商标核定服务项目均为第41类，包括提供娱乐设施等，均在有效注册期限内。

钱柜公司在2012—2013年分别与多家娱乐公司签订商标权许可使用合同，约定将本案所涉权利商标有偿授予上述娱乐公司使用。

被告深圳市宝安区石岩钱柜爵士乐量贩式卡拉OK（简称钱柜卡拉OK）于2013年4月1日注册成立，系个体工商户，经营者为蔡某辉。

2015年12月，原告钱柜公司发现被告钱柜卡拉OK在深圳市宝安区经营"錢櫃量贩式氧吧KTV"店，被告在其招牌、店内大厅、电梯门头、包厢部分设施及所取得的"名片""纸巾"上使用"钱柜""錢櫃""錢櫃PARTYWORLD""PARTYWORLD"等侵权标识。同时,在大众点评网、美团网等网站上均有涉案KTV的团购信息,页面上包含大量"钱柜""錢櫃""錢櫃PARTYWORLD""PARTYWORLD"侵权标识。

2016年,原告钱柜公司以被告钱柜卡拉OK使用侵权标识构成侵权为由,向深圳市宝安区人民法院提起诉讼。

(五)诉辩意见

原告钱柜公司诉请:(1)钱柜卡拉OK立即停止侵权以及删除侵权宣传信息;(2)钱柜卡拉OK立即停止不正当竞争行为以及删除商户字号中"钱柜"二字;(3)钱柜卡拉OK在《深圳晚报》发布侵权声明,消除影响;(4)钱柜卡拉OK赔偿钱柜公司经济损失及合理开支共计40万元;(5)本案诉讼费用全部由钱柜卡拉OK承担。

被告钱柜卡拉OK答辩:钱柜卡拉OK的经营场所地处深圳关外,且长期处于亏损状态,钱柜公司也未提供相应的证据证明其所遭受的实际经济损失。

(六)一审审理

1.被告钱柜卡拉OK使用"钱柜""錢櫃""錢櫃PARTYWORLD""PARTYWORLD"标识构成侵犯钱柜公司注册商标专用权

钱柜卡拉OK在其经营KTV的招牌、店内大厅、包厢部分设施、相关物品及网络宣传上使用"钱柜""錢櫃"等标识,均是为了相关消费者识别其所提供的服务,属于商标性使用,且钱柜卡拉OK提供KTV服务与钱柜公司涉案注册商标核定服务项目中提供娱乐设施相同。

钱柜公司在我国开设多家KTV门店,在业内具有一定知名度。钱柜卡拉OK使用的上述标识具有显著性,且均嵌入在钱柜公司主张权利的注册商标标识之中，结合钱柜公司在业内的知名度，公众易对涉案KTV服务提供者与钱柜公司之间产生混淆或误认与钱柜公司之间存在授权、许可使用等特定联系。"钱柜"虽然属于日常中文词语，与KTV行业没有任何语义上关系，但系钱柜公司的长期经营和宣传逐渐将"钱柜"与其提供的KTV服务建立起联系，具有较强的显著性。因此，钱柜卡拉OK的上述行为属侵犯钱柜公司注册商标专用权的行为。

2.被告钱柜卡拉OK使用包含"钱柜"字样的"深圳市宝安区石岩钱柜爵士乐量贩式卡拉OK"名称构成不正当竞争

"钱柜"系钱柜公司的注册商标，亦为其在先、合法的商号。钱柜公司自进入中国以来，涉案商标与"钱柜"字号已产生较强的显著性，已为业内人士及相关公众广为知悉。字号作为企业名称中的核心要素，是一个企业区别于其他企业的主要标志。

钱柜卡拉OK名称登记的时间晚于钱柜公司的字号使用时间和涉案"钱柜"系列注册商标核准时间，且当时钱柜公司"钱柜"字号已经具有较高的知名度。钱柜卡拉OK的字号"钱柜爵士乐"与钱柜公司"钱柜"非常近似，容易使相关公众对钱柜公司与钱柜卡拉OK提供的服务产生混淆和误认。

作为同样系经营KTV的同行业者，钱柜卡拉OK应对钱柜公司具有一定认识，在明知情况下仍将"钱柜"文字组合登记为"深圳市宝安区石岩钱柜爵士乐量贩式卡拉OK"作为商户名称进行商业使用，在主观上有攀附钱柜公司企业字号和涉案注册商标的故意，明显违背诚实信用原则和公认的商业道德，属于典型的不正当竞争行为。

（七）一审判决

一审法院判决：（1）钱柜卡拉OK立即停止侵犯钱柜公司的第779781

号"錢櫃CASH BOX"、第3214676号"PARTYWORLD歡楽派對"、第3214677号"錢櫃PARTYWORLD"、第4003164号"钱柜"、第4003165号"钱柜PARTYWORLD"、第4003716号"PARTYWORLD"、第6744917号"CASH BOX錢櫃K.T.V"注册商标专用权的行为，不得在经营场所以及网络宣传中使用含有"钱柜""錢櫃""錢櫃PARTYWORLD""PARTYWORLD"字样标识；（2）钱柜卡拉OK停止在其商户名称中使用含有"钱柜"字样的不正当竞争行为；（3）钱柜卡拉OK赔偿钱柜公司经济损失及合理开支共计60000元；（4）驳回钱柜公司的其他诉讼请求。

（八）二审审理

原告钱柜公司、被告钱柜卡拉OK均不服一审判决，向深圳市中级人民法院提起上诉。

深圳市中级人民法院经审理，认为一审判决认定事实基本清楚，但适用法律错误，处理结果不当，并改判纠正。审理要点如下：

1.关于商标侵权

首先，钱柜卡拉OK突出使用企业字号"钱柜"二字，与钱柜公司第4003164号"钱柜"注册商标构成相同，与第779781号"錢櫃CASHBOX"、第3214677号"錢櫃PARTYWORLD"、第4003165号"钱柜PARTYWORLD"、第6744917号"CASH BOX錢櫃K.T.V"注册商标构成近似。

其次，钱柜卡拉OK组合使用的"PARTYWORLD""爵士乐量贩式KTV"标识，与第4003716号"PARTYWORLD"、第3214676号"PARTYWORLD歡楽派對"注册商标均构成近似。

最后，钱柜卡拉OK上述两种使用相关标识的行为，均容易给相关公众造成钱柜卡拉OK提供的量贩式KTV服务来源于钱柜公司，或钱柜卡拉OK与钱柜公司存在被授权许可使用涉案商标关系，或钱柜卡拉OK系钱柜公司关联企业的混淆误认，钱柜卡拉OK在本案中使用被诉标识的行为，构成对钱柜公司就涉案七件注册商标所享有的商标专用权的侵犯。

2.关于不正当竞争

钱柜公司权利商标核准日（最早核准时间为1995年11月28日）均早于钱柜卡拉OK注册成立的时间2013年4月1日。在钱柜公司"钱柜"商标注册在先且具有较高知名度的情况下，在后成立的钱柜卡拉OK将"钱柜"二字作为字号申请注册，进而在经营过程中采取不规范简化使用字号的行为，显然可能导致相关消费者产生钱柜卡拉OK与钱柜公司存在被授权许可使用"钱柜"商标的关系或者钱柜卡拉OK是钱柜公司的关联企业的误认。因此，钱柜卡拉OK使用"钱柜"作为其字号的行为，构成对钱柜公司的不正当竞争。另外，本案钱柜公司提交的证据并未证明其在提起本案诉讼之前已经在我国商业性使用其企业名称或"钱柜"字号，钱柜公司也没有以"擅自使用他人的企业名称"作为指控钱柜卡拉OK构成不正当竞争的事由，一审法院按照"擅自使用他人的企业名称"的审理思路来论证钱柜卡拉OK构成对钱柜公司的不正当竞争，论理有欠妥当。

3.钱柜卡拉OK应当停止在其名称中使用含有"钱柜"字样

如果企业名称的注册使用并不违法，只是因突出使用其中的字号而侵犯注册商标专用权，判令被告规范使用企业名称、停止突出使用行为即足以制止被告的侵权行为；相反，如果不正当地将他人具有较高知名度的在先注册商标作为字号注册登记为企业名称，注册使用企业名称本身即违法，不论是否突出使用均难以避免产生市场混淆误认的，则可以根据当事人的请求判令停止使用或者变更该企业名称。

本案中，蔡某辉作为KTV点唱服务的经营者，在不能提供正当理由的情况下，其将钱柜公司具有较高知名度的在先注册商标"钱柜"商标中的"钱柜"二字作为字号登记为其商户名称的行为本身即违法。钱柜卡拉OK在经营过程中不论是否突出使用其字号"钱柜"二字，均难以避免会产生市场误认。因此，钱柜卡拉OK应当停止在其商户名称中使用含有"钱柜"字样的不正当竞争行为。

（九）二审判决

二审法院判决：（1）维持广东省深圳市宝安区人民法院（2016）粤0306民初3632号民事判决第一项、第二项；（2）撤销广东省深圳市宝安区人民法院（2016）粤0306民初3632号民事判决第四项；（3）变更广东省深圳市宝安区人民法院（2016）粤0306民初3632号民事判决第三项为：钱柜卡拉OK赔偿钱柜公司经济损失20万元；（4）钱柜卡拉OK在《深圳晚报》上登载声明，消除影响；（5）驳回钱柜公司的其他诉讼请求。

四、"金牛角王中西"商标侵权及不正当竞争诉讼案[1]

（一）案件来源

湖南省永州市中级人民法院（2013）永中法民三初字第22号民事判决书

湖南省高级人民法院（2014）湘高法民三终字第71号民事判决书

（二）当事人信息

上诉人（原审原告）：长沙金牛角王中西餐厅有限责任公司

被上诉人（原审被告）：章某

（三）裁判要旨

企业字号与商标一样，也是区别不同市场主体的商业标识，任何人登记注册企业名称，均应遵守诚实信用和尊重在先权利的公平竞争规则，不得以合法的形式掩盖不正当竞争的目的。

突出使用企业字号构成注册商标专用权侵权应具备三个条件：一是该突出使用所指示的商品或服务与注册商标所核准的商品或服务相同或类似；二是企业字号与注册商标构成近似；三是容易导致相关公众的混淆和误认。

在突出使用行为构成商标侵权的情况下，应判令停止突出使用或判令

---

[1] 即长沙金牛角王中西餐厅有限责任公司与章某涉"金牛角王中西"侵害商标权及不正当竞争纠纷案。

规范使用字号，而非停止字号的使用。只有在认定将他人注册商标作为企业字号使用构成不正当竞争的情况下，才判令停止使用企业字号。

（四）案情简介

权利商标一第3656142号"金牛角王"商标由长沙金牛角王中西餐厅有限责任公司（简称金牛角王中西餐厅）于2006年1月14日核准注册，核定服务第43类，即住所（旅馆、供膳寄宿处）、咖啡馆、自助餐厅、饭店、酒吧、饭馆、日间托儿所、柜台出租等。

权利商标二第5922812号"JONO金牛角王中西餐厅"商标由金牛角王中西餐厅于2010年3月27日核准注册，核定服务第35类，即广告、饭店管理、特许经营的商业管理、人事管理咨询等。

权利商标三第6812084号"JONO金牛角王中西餐厅"商标由金牛角王中西餐厅于2010年4月20日核准注册，核定服务第16类，即纸、餐具垫（纸制）、纸餐巾、纸或纸板制广告牌、家具除外的办公必需品等。

2010年12月，原告权利商标"金牛角王"商标被湖南省工商行政管理局评为湖南省著名商标。2011年3月，原告成为商业特许经营企业。2012年2月，原告被授予"2011年度长沙市餐饮十强企业"荣誉称号。

被告章某于2006年12月11日在永州市工商行政管理局冷水滩分局注册成立字号为"永州市冷水滩区金牛角中西餐厅"的个体工商户，其经营范围主要为餐饮服务，并在店招上突出使用"金牛角中西餐厅"标识。

2013年，原告金牛角王中西餐厅认为，章某使用其注册在先的商标作为其企业名称并在店招上直接使用侵权标识的行为构成侵权，向永州市中级人民法院提起诉讼。

（五）诉辩意见

原告金牛角王中西餐厅诉请：（1）被告章某停止使用"金牛角中西餐

厅"字号及商标；（2）被告章某赔偿原告损失760800元；（3）被告章某承担本案维权合理费用25000元及全部诉讼费用。

被告章某答辩：被告的字号于2006年12月11日依法在先登记，是善意的，且与原告注册商标不相同或不近似，不构成侵权，请求法院依法驳回原告的诉讼请求。

（六）一审审理

被告章某侵犯了原告注册的第3656142号"金牛角王中西"注册商标专用权。

首先，原告金牛角王中西餐厅所取得第5922812号注册商标证和第6812084号注册商标的核准时间晚于被告"永州市冷水滩区金牛角中西餐厅"企业名称登记日期，即被告在先取得企业名称权，故被告的行为不构成对第5922812、6812084号注册商标专用权的侵害。

其次，原告第3656142号注册商标核准时间早于被告企业名称登记日期，且被告企业名称中的字号与该商标中的文字相似，原告商标在全省范围内都具有一定的影响力。被告在其店招上突出使用标识"金牛角中西餐厅"，容易造成消费者将其提供的产品与服务误认为是原告提供的产品与服务，从而产生混淆，被告使用"金牛角中西餐厅"的行为侵犯了原告对"金牛角王中西"这一注册商标的专用权。

（七）一审判决

一审法院判决：（1）被告章某立即停止使用"金牛角中西餐厅"字号；（2）被告章某赔偿原告金牛角王中西餐厅20000元；（3）被告章某赔偿原告金牛角王中西餐厅合理开支5000元；（4）驳回原告金牛角王中西餐厅的其他诉讼请求。

（八）二审审理

原告金牛角王中西餐厅不服一审判决，向湖南省高级人民法院提起上诉。

湖南省高级人民法院经审理，认为一审判决认定事实基本清楚，但适用法律错误，处理结果不当，并改判纠正。审理要点如下：

1.章某在店招上突出使用"金牛角中西餐厅"的行为构成商标侵权

章某在其店招中突出使用"金牛角中西餐厅"，容易导致相关公众对服务来源产生混淆。根据《商标法》（2001年修正）第52条、《最高人民法院关于审理商标民事纠纷案件适用法律若干问题的解释》第1条第1项的规定，章某在其店招上突出使用"金牛角中西餐厅"字样的行为构成对金牛角王中西餐厅注册商标专用权的侵害。

2.章某将"金牛角中西"注册为企业字号的行为构成不正当竞争

企业字号与商标一样，也是区别不同市场主体的商业标识，任何人登记注册企业名称，均应遵守诚实信用和尊重在先权利的公平竞争规则，不得以合法的形式掩盖不正当竞争的目的。如果不正当地将他人在先注册商标作为字号注册登记为企业名称，即使规范使用仍足以产生市场混淆的，可以按照不正当竞争处理，判决变更企业名称。

本案中，在金牛角王中西餐厅已注册并长期持续使用"金牛角王中西"企业字号并有一定影响，后又注册使用"金牛角王中西"商标，企业字号的商誉由注册商标承载的情况下，章某仍将与"金牛角王中西"相近似的"金牛角中西"注册为企业字号并使用，并故意使用与上诉人一样的店招形式，容易使相关公众误认为上诉人与被上诉人经营的餐厅之间有一定的联系；若"金牛角中西餐厅"提供的服务与"金牛角王中西餐厅"提供的服务在质量和档次上有较大差别，也容易导致上诉人商誉价值的减损。因此，章某将与"金牛角王中西"相近似的"金牛角中西"登记注册为企业字号，违反了作为市场经营者所应遵循的诚实信用原则，损害了金牛角王中西餐厅的合法权益，其行为构成不正当竞争。

（九）二审判决

二审法院判决：（1）维持湖南省永州市中级人民法院（2013）永中法民三初字第22号民事判决第三项；（2）撤销湖南省永州市中级人民法院（2013）永中法民三初字第22号民事判决第一项、第二项和第四项；（3）被上诉人章某立即停止侵害上诉人金牛角王中西餐厅第3656142号"金牛角王中西"注册商标专利权的行为，即立即停止突出使用"金牛角中西"字号的行为；（4）被上诉人章某于本判决生效后十日内到工商行政管理部门变更包含"金牛角中西"字号的企业名称；（5）被上诉人章某于本判决生效之日起十日内赔偿上诉人金牛角王中西餐厅12万元；（6）驳回上诉人金牛角王中西餐厅的其他诉讼请求。

五、"天猫"驰名商标侵权及不正当竞争诉讼案[1]

（一）案件来源

浙江省杭州市中级人民法院（2017）浙01民初1681号民事判决书

浙江省高级人民法院（2018）浙民终1195号民事判决书

（二）当事人信息

原告：阿里巴巴集团控股有限公司（Alibaba Group Holding Limited）

原告：浙江天猫网络有限公司

被告：广东天猫投资集团有限公司、广州天猫化妆品有限公司、广州天猫投资有限公司、广州天猫房地产开发有限公司、广州天猫知识产权事务所有限公司、广州天猫珠宝有限公司、广州天猫生物科技有限公司、广州天猫品牌管理有限公司、广州天猫药业科技有限公司、广州天猫供应链管理有限公司、广州天猫电器有限公司、广州天猫餐饮管理有限公司、广州天猫农业科技有限公司、广州天猫通讯技术有限公司、广州天猫食品有限公司、广州天猫工商财税代理有限公司、广州天猫环保科技有限公司、周某文

---

[1] 即阿里巴巴集团控股有限公司、浙江天猫网络有限公司与广东天猫投资集团有限公司等涉"天猫"驰名商标侵害商标权及不正当竞争纠纷案。

（三）裁判要旨

《驰名商标保护解释》第2条第2项规定："原告以企业名称与其驰名商标相同或者近似为由，提起的侵犯商标权或者不正当竞争诉讼的，人民法院根据案件具体情况，认为确有必要的，对所涉商标是否驰名作出认定。"

当企业名称与注册商标相同或者近似，而被控侵权企业的经营业务与注册商标核定使用的商品或服务范围既不相同也不类似时，应有必要对商标驰名的事实作出认定，继而作出不正当竞争行为是否成立的判断。

（四）案情简介

权利商标一第10130978号"天猫"商标由原告阿里巴巴集团控股有限公司（简称阿里巴巴集团）于2012年12月21日核准注册，核定使用服务为第35类：广告、商业管理辅助、商业信息、替他人推销、组织商业或广告交易会等，注册有效期自2012年12月21至2022年12月20日。

权利商标二第10583558号" "商标由原告阿里巴巴集团于2013年4月28日核准注册，核定使用服务为第35类：广告、商业管理辅助、商业信息、替他人推销、组织商业或广告交易会等，注册有效期自2013年4月28日至2023年4月27日。

权利商标三第10418909号"天猫"商标由原告阿里巴巴集团于2016年8月14日核准注册，核定使用服务为第43类：咖啡馆、餐厅等，注册有效期自2016年8月14日至2026年8月13日。

2017年11月11日，阿里巴巴集团出具"授权与确认函"，确认将上述商标自注册之日起授权给原告浙江天猫网络有限公司（简称天猫公司）使用，并授权天猫公司有权以自己的名义提起诉讼或采取任何法律行为。

两原告、"天猫"商标及"天猫"字号具有较高市场知名度，天猫购物平台在国内使用广泛，交易额巨大。同时，天猫在中国B2C购物网站交易规模市场格局中,保持领先地位。根据中国统计信息服务中心、新华网、中国质量新闻网联合发布的《2014综合电商口碑报告》,天猫在品牌知名度、消费者互动度、产品好评度等方面的指数较高,口碑综合指数位列第二。同时,环球网、凤凰网、网易、腾讯、搜狐、新浪网、观察者网等多家媒体对天猫上线运营及"天猫双11"等活动进行了大量的报道。

被告广东天猫投资集团有限公司成立于2015年1月26日,注册资本5亿元,法定代表人周某文。被告广州天猫化妆品有限公司、广州天猫投资有限公司、广州天猫房地产开发有限公司成立于2016年6月27日。被告广州天猫知识产权事务所有限公司成立于2006年9月26日。被告广州天猫珠宝有限公司、广州天猫生物科技有限公司、广州天猫品牌管理有限公司成立于2016年10月8日。被告广州天猫药业科技有限公司、广州天猫供应链管理有限公司成立于2016年11月8日。被告广州天猫电器有限公司成立于2016年11月17日。被告广州天猫餐饮管理有限公司成立于2017年1月23日。被告广州天猫农业科技有限公司、广州天猫通讯技术有限公司、广州天猫食品有限公司成立于2017年1月24日。被告广州天猫工商财税代理有限公司、广州天猫环保科技有限公司成立于2017年1月25日,注册资本均为1000万元。上述众被告的法定代表人均为周某文。

2017年,原告阿里巴巴集团和天猫公司发现,上述众被告不但在企业字号当中直接使用"天猫"字样,而且在其网站、办公场所等突出使用了"天猫""广东天猫集团""🐱"等标识,并使用"天猫""双11""马云"等字样进行业务宣传。

2017年11月,两原告以侵害商标权及不正当竞争为由将本案众被告起诉至杭州市中级人民法院。

(五)诉辩意见

两原告诉请:(1)被告一至被告十八立即停止侵犯两原告注册商标

专用权及不正当竞争行为，包括停止在一切商业活动中（包括但不限于在其企业名称和字号、官方网站、广告宣传等处），以任何形式使用与两原告享有专用权的注册商标相同或者近似的标识；（2）被告一至被告十七停止使用、变更其企业名称，变更后的企业名称中不得含有与两原告享有专用权的标识相同或近似的字样；（3）被告一至被告十八不得在其设立的企业或者其他主体的名称中使用"天猫"或其他与两原告享有专用权的标识相同或近似的字样；（4）被告一至被告十八连带赔偿两原告经济损失以及两原告为制止被告的侵权行为所支付的公证费、翻译费、律师费等合理支出，共计1000万元；（5）被告一至被告十八在《深圳特区报》《深圳晚报》以及新浪网上就其侵权行为发表书面声明，以消除影响；（6）被告一至被告十八承担本案的全部诉讼费用。

众被告答辩：（1）按照法院的禁令要求，众被告公司已陆续对企业字号进行了变更，但仍需要一定的时间；（2）原告"天猫"商标并非驰名商标，其核定使用的服务为第35类，并不能覆盖所有的类别，众被告公司系合法注册成立，不构成商标侵权及不正当竞争，请求法院驳回原告的诉讼请求。

（六）一审审理

1.关于被控侵权行为是否构成对原告注册商标专用权的侵犯

本案中，两原告指控众被告实施的商标侵权行为包括以下五项：

（1）广州天猫餐饮管理有限公司在其开设的"如宾汕头牛肉火锅城"门头使用"广州天猫投资成员品牌"字样，构成对第10418909号"天猫"注册商标专用权的侵犯；

（2）被告公司在经营场所使用"广东天猫集团"标识，构成对第10130978号"天猫"驰名商标专用权的侵犯；

（3）被告公司在官方网站使用"天猫集团""天猫人"字样，构成对第10130978号"天猫"驰名商标专用权的侵犯；

（4）广东天猫投资集团有限公司、周某文在对外宣传活动中使用"广东天猫集团"字样，构成对第10130978号"天猫"驰名商标专用权的侵犯；

（5）被告公司在经营场所和官方网站使用"😺"标识，构成对第10583558号"🐱"注册商标专用权的侵犯。

对于第一项指控：广州天猫餐饮管理有限公司在其餐饮店铺招牌上突出使用了"天猫"文字，用于宣传其提供的餐饮服务，属于在相同服务上突出使用与第10418909号"天猫"注册商标相同的"天猫"字号的行为，容易使相关公众误认为其与原告间存在关联或授权关系，构成对第10418909号"天猫"注册商标专用权的侵犯。

对于第二、三、四项指控：被告公司在经营场所、官方网站及对外宣传活动中使用"广东天猫集团""天猫集团""天猫人"等标识，主要用于介绍其公司，并向相关公众表明其作为市场经营主体的身份，而非用于其所经营的商品或服务的广告宣传，因此该种使用行为并非商标法意义上的商标使用行为，不构成对原告注册商标专用权的侵犯。

对于第五项指控：被告公司在经营场所和官方网站使用的"😺"标识与第10583558号"🐱"商标相比，两者虽然均为抽象的猫图形，但从视觉效果上来看，两者在整体构图及各组合部分图形上均存在区别，以相关公众的一般注意力为标准，并不容易导致混淆误认，因此不构成对第10583558号"🐱"注册商标专用权的侵犯。

2.关于被控侵权行为是否构成不正当竞争

本案中，原告指控众被告实施的不正当竞争行为包括：（1）众被告公司注册、使用"天猫"字号的行为；（2）被告公司在官方网站上虚构广东天猫投资集团的成立时间，并宣称其是中国首家以及唯一合法权益的天猫集团。

（1）对于第一项指控。

首先，本案被告公司的字号与原告在先注册的第10130978号"天猫"商标完全相同，原告该商标核定使用的服务在第35类，与十七家被告公司的经营范围既不相同也不类似，本案中有必要对于原告第10130978号"天猫"商标是否驰名依法作出认定。

其次，原告使用在第35类替他人推销等服务上的第10130978号"天猫"注册商标获得了广泛的公众知晓度，依法可认定为驰名商标。

最后，在原告"天猫"商标构成驰名商标的前提下，众被告公司注册、使用"天猫"字号的行为，系攀附原告"天猫"字号和驰名商标声誉，明显有违诚实信用、公平竞争的市场交易原则，损害了原告的合法权益，构成不正当竞争。

（2）对于第二项指控。

被告在网站上宣传"广东天猫投资集团于2016.11.11（天猫双11）成立""2016年11月11日，这是富含历史意义的时刻，'广东天猫投资集团'正式取得省工商局注册登记管理机关核准企业登记，意味着我们'广东天猫'是中国首家以及唯一合法权益的天猫集团"，被告刻意将成立时间与"天猫双11"联系在一起，在明知有在先较高知名度的"天猫"注册商标及字号的情况下，仍然使用"中国首家""唯一"等宣传用语，以一般公众施以普通的注意力，容易造成其与原告具有关联关系的印象，足以引人误解，构成不正当竞争。

（七）一审判决

一审法院判决：（1）被告广州天猫餐饮管理有限公司立即停止侵犯原告阿里巴巴集团、天猫公司第10418909号"天猫"注册商标专用权的行为，即停止在经营场所上使用带有"天猫"文字的标识；（2）众被告立即停止在商业活动（包括经营场所、网站、对外宣传活动）中使用"天猫"字号；（3）众被告立即变更企业名称，变更后的企业名称不得包含"天猫"字样；（4）被告广东天猫投资集团有限公司立即停止在网站上的虚假宣传行为；（5）众被告在新浪网上就其侵权行为刊登声明，消除影响；（6）众被告连带赔偿原告阿里巴巴集团、天猫公司经济损失及合理费用150万元；（7）驳回原告阿里巴巴集团、天猫公司的其他诉讼请求。

（八）二审审理及判决

一审宣判后，广东天猫投资集团有限公司及旗下企业和周某文不服，认为涉案天猫商标不应认定为驰名商标，其使用经工商局核准的企业名称的行为合法有效，且未给阿里巴巴集团和天猫公司造成损失，一审判决确定的赔偿数额过高，提起上诉。

浙江省高级人民法院经审理认为，一审判决认定事实清楚、适用法律正确，判令：驳回上诉，维持原判。

六、"微信"驰名商标侵权及不正当竞争诉讼案[1]

（一）案件来源

北京知识产权法院（2017）京73民初1668号民事判决书

北京市高级人民法院（2019）京民终332号民事判决书

（二）当事人信息

上诉人（原审原告）：腾讯科技（深圳）有限公司

上诉人（原审原告）：腾讯科技（北京）有限公司

上诉人（原审被告）：深圳市微信食品股份有限公司

被上诉人（原审被告）：小小树（深圳）网络科技股份有限公司

原审被告：中绿农农业集团有限公司

（三）裁判要旨

原告请求禁止被告在不相类似商品上使用与原告驰名的注册商标相同或者近似的商标或者企业名称的，人民法院应当根据案件具体情况，综合考虑以下因素后作出裁判：（1）该驰名商标的显著程度；（2）该驰名商标在使用被诉商标或者企业名称的商品的相关公众中的知晓程度；（3）使用驰名商标的商品与使用被诉商标或者企业名称的商品之间的关联程度；

---

[1] 即腾讯科技（北京）有限公司、腾讯科技（深圳）有限公司与深圳市微信食品股份有限公司等涉"微信"驰名商标侵害商标权及不正当竞争纠纷案。

（4）其他相关因素。

（四）案情简介

涉案商标一第9085979号"微信"商标由腾讯科技（深圳）有限公司（简称腾讯深圳公司）于2011年1月24日申请注册，注册日期为2013年3月28日，专用权期限至2023年3月27日，核定使用第9类商品包括"计算机、计算机程序（可下载软件）、计算机软件（已录制）"等。

涉案商标二为第15519249号"微信"商标由腾讯深圳公司于2014年10月15日申请注册，并于2015年11月28日被核准注册，专用权期限至2025年11月27日，核定使用第38类服务包括"信息传送、计算机辅助信息和图像传送、视频会议服务"等。

涉案商标三为第10079843号"Wechat"商标由腾讯深圳公司于2011年10月18日申请注册，并于2012年12月14日被核准注册，专用权期限至2022年12月13日，核定使用第9类商品包括"计算机、计算机程序（可下载软件）、计算机软件（已录制）"等。

涉案商标四为第10079848号"Wechat"商标由腾讯深圳公司于2011年10月18日申请注册，并于2012年12月14日被核准注册，专用权期限至2022年12月13日，核定使用第38类服务包括"信息传送、计算机辅助信息与图像传输、远程会议服务"等。

2014年3月10日，腾讯深圳公司与腾讯科技（北京）有限公司（简称腾讯北京公司）签订了"商标普通许可合同"，许可腾讯北京公司使用上述涉案商标，双方可共同维权，包括但不限于共同提起诉讼、共同向行政执法机关请求进行行政查处。

广东省工商行政管理局于2015年12月29日作出的《广东省工商行政管理局关于将"微信"加入名称预核准保护词库申请的回复》，其中载明："我局将'微信'录入企业名称（字号）管理库予以保护。"商标局于

2016年12月29日作出的《国家工商行政管理总局商标局关于认定"微信及图"商标为驰名商标的批复》，其中载明，"认定微信及图注册商标为驰名商标"。同时，腾讯深圳公司和腾讯北京公司为主张涉案商标构成驰名商标，提供了其活跃用户数、新闻报道、荣誉排名等大量证明。

被告深圳市微信食品股份有限公司（简称微信食品公司）登记成立于2015年。

第10213090号"微信"商标注册日期为2013年1月21日，有效期至2023年1月20日，核定使用商品项目为第29类：肉干、鱼制食品、以果蔬为主的零食小吃、腌制蔬菜、牛奶制品、蛋、食用油、精制坚果仁、豆腐制品、果冻。该商标原注册人为西安阿格瑞斯电子科技有限公司，后经商标局于2016年8月27日核准转让予本案被告微信食品公司。

2017年2月22日，微信食品公司向小小树（深圳）网络科技股份有限公司（简称小小树公司）出具《授权证书》，记载深圳市微信食品股份有限公司特授权小小树（深圳）网络科技股份有限公司为唯一的全球机构运营中心，并可开展一切有关微信食品公司各项业务。授权期限为10年，从授权签订当日起生效并具有法律效力。

2017年，原告发现被告微信食品公司存在多种侵权行为，包括在深圳市、东莞市等城市经营"微信食品生态体验餐厅"，各餐厅均在店面门头突出使用"微信食品"及"WECHATFOOD"标志，在"品牌故事"页面中均使用"微信食品"标志及"WXSP.NET"网址，并对微信食品公司进行介绍；开设线下社区生活超市，在店面门头及店内海报均突出使用"微信食品"标志及"WXSP.NET"网址；开设线上商城，通过手机应用程序、微信公众号突出显示"微信食品"标志及"WXSP.NET"网址；设立产业园，在物流园大门上突出使用"微信食品"标志。

被告小小树公司在微信软件中注册运营"联合创始专供商城"公众号及"微信食品商城"网站，突出使用"微信食品""WECHATFOOD"标志，并销售部分品牌食品及酒类商品。

被告微信食品公司在其网站中宣称中绿农农业集团有限公司（简称中绿农公司）为其"战略合伙人"。

由此，两原告以侵害商标权及不正当竞争为由将微信食品公司等诉至北京知识产权法院。

（五）诉辩意见

两原告诉请：（1）请求判令被告微信食品公司、小小树公司、中绿农公司立即停止侵犯原告腾讯深圳公司和腾讯北京公司第9085979号"微信"驰名商标、第15519249号"微信"驰名商标、第10079843号"Wechat"驰名商标，以及第10079848号"Wechat"驰名商标专用权行为；（2）判令被告微信食品公司立即停止使用包含有"微信"的企业名称，并及时向主管机关申请变更公司名称，包括变更以"微信"为字号的分公司企业名称；（3）判令三被告连带赔偿两原告经济损失及合理费用支出5000万元；（4）判令三被告在《法制日报》《深圳特区报》《中国知识产权报》、腾讯网以及公司网站上连续1个月刊登声明，向两原告赔礼道歉，消除影响；（5）判令三被告承担本案诉讼费用。

被告微信食品公司答辩：（1）其合法取得第10213090号"微信"商标，在核定使用第29类食品等商品范围，构成合法使用注册商标；（2）在微信食品公司取得商标并运营公司之时，原告权利商标并非驰名商标，故两原告无理由以驰名商标为由，延伸到微信食品公司已经注册的商品范围予以保护，干涉微信食品公司的合法合规经营行为；（3）微信食品公司将"微信"登记为企业名称，不构成不正当竞争。

被告小小树公司答辩：（1）小小树公司是基于被告微信食品公司的授权与其开展合作，推广销售其产品和服务，并无任何过错；（2）双方合作仅限于注册了"联合创始专供商城"微信公众号以及在网站推广与被告微信食品公司之间的合作内容，没有实际销售；（3）使用的"微信食品"标识，与原告权利商标差异较大，不构成近似标识；（4）已停止合作，无须承担任何责任。

（六）一审审理

1.关于原告腾讯深圳公司和腾讯北京公司四个权利商标是否构成驰名商标

本案中，原告微信（Wechat）应用软件自发布以来，通过两原告的大量宣传推广，迅速积累了众多用户，国内外众多媒体对其进行了广泛的宣传报道，并获得了众多荣誉，积累了极高的知名度和美誉度，已成为移动端使用人数最多的即时通信软件。根据腾讯深圳公司和腾讯北京公司提交的证据，可以认定权利商标在微信食品公司成立时，以及此后涉案被诉侵权行为发生时，均构成使用在第9类"计算机软件（已录制）、计算机程序（可下载软件）"等商品及第38类"信息传送"等服务上的驰名商标。

2.关于被告微信食品公司、小小树公司及中绿农公司是否侵犯了腾讯深圳公司和腾讯北京公司涉案驰名商标的专用权

首先，被告微信食品公司及小小树公司在各自注册运营的微信公众号在线商城中突出使用的"微信食品"标志的显著识别部分"微信"，与涉案第9085979号"微信"驰名商标和第15519249号"微信"驰名商标的文字部分"微信"相同；突出使用的"WECHATFOOD"标志的显著识别部分"WECHAT"与涉案第10079843号"Wechat"驰名商标以及第10079848号"Wechat"驰名商标相同，属于对上述涉案驰名商标的复制、摹仿，极易造成相关公众误认，侵犯了两原告四个涉案驰名商标的商标专用权。

其次，被告微信食品公司在餐饮服务、超市服务及手机应用程序（手机

App）在线商城中突出使用的"微信食品""WECHATFOOD"标志，小小树公司在其网站在线商城中突出使用的"微信食品""WECHATFOOD"标志，其显著识别部分"微信""WECHAT"，与涉案第9085979号"微信"驰名商标和第15519249号"微信"驰名商标的文字部分"微信"相同，与涉案第10079843号"Wechat"驰名商标以及第10079848号"Wechat"驰名商标相同，足以使相关公众认为被诉商标与驰名商标具有相当程度的联系，而减弱驰名商标的显著性和不正当利用驰名商标的市场声誉，被告微信食品公司及小小树公司上述行为侵犯了两原告上述四个驰名商标的专用权。

再次，被告微信食品公司在产品物流园中虽突出使用"微信食品"标志，但目前证据尚不足以证明微信食品公司建设的物流园向第三方提供物流运输服务。微信食品公司为第29类"微信"商标的所有人，如其为运输本公司生产的食品类商品建设物流配套设施，并不当然侵犯两原告驰名商标的专用权。此外，被告微信食品公司主办的"美丽有约"等线下宣传活动，也并未超出其宣传第29类"微信"商标的范畴，并未侵犯原告驰名商标的专用权。

最后，被告中绿农公司仅为被告微信食品公司的供应商、合作伙伴，两原告也未提交证据证明中绿农公司在经营中使用"微信"或"微信食品"标志，在案证据不能认定被告中绿农公司侵犯了原告涉案驰名商标的专用权。

3.关于被告微信食品公司将"微信"作为企业字号的行为是否构成不正当竞争

本案中，根据两原告提供的证据可以认定，在被告微信食品公司2015年4月14日成立时，"微信"软件已具有庞大的用户量，在公众中已具有极高的知名度，涉案第9085979号"微信"商标和第15519249号"微信"商标已构成第9类"计算机软件（已录制）、计算机程序（可下载软件）"等商品及第38类"信息传送"等服务上的驰名商标。微信食品公司在上述两个涉案商标已达到驰名程度后成立，且将上述两个涉案驰名商标中的显著识别部分"微信"作为企业字号的主要部分进行注册使用，容易使相关公众对商品或服务的来源产生混淆，违反了诚实信用原则，构成不正当竞争。因此，两原告关于被告微信食品公司及其分公司将"微信"作为企业字号的行为构成不正当竞争的主张成立。

（七）一审判决

一审法院判决：（1）被告微信食品公司、被告小小树公司立即停止侵犯涉案"微信及图"驰名商标及"Wechat"驰名商标专用权的行为；（2）被告微信食品公司自本判决生效之日起立即停止使用现企业名称，并于本判决生效之日起十日内到工商行政管理机关办理企业名称变更手续，变更后的企业名称中不得含有"微信"字样；（3）被告微信食品公司、被告小小树公司于本判决生效之日起三十日内在《法制日报》及各自公司网站www.wxsp.net、www.xiaoxiaoshu168.cn上刊登声明，消除因侵权行为造成的不良影响；（4）被告微信食品公司于本判决生效之日起十日内向原告腾讯深圳公司及原告腾讯北京公司赔偿经济损失1000万元及合理费用208126.7元；（5）被告小小树公司于本判决生效之日起十日内向原告腾讯深圳公司及原告腾讯北京公司赔偿经济损失15万元及合理费用3122元；（6）驳回原告腾讯深圳公司及原告腾讯北京公司的其他诉讼请求。

（八）二审审理

两原告、被告微信食品公司及小小树公司均不服一审判决，向北京市高级人民法院提起上诉。

北京市高级人民法院经审理，认为一审判决部分认定不当，并改判纠正。审理要点如下：

首先，二审法院维持一审法院认定被告微信食品公司及小小树公司的行为构成商标侵权部分。

其次，就一审认定被告微信食品公司及小小树公司的行为不构成商标侵权部分，包括微信食品公司在第29类肉干、果冻等商品上为运输其生产的食品类商品建设物流配套设施，以及主办"美丽有约"等线下宣传活动进行商业推广并未超出第10213090号"微信"商标专用权范围，二审法院进行了纠正。具体为：

由于第10213090号"微信"商标在二审诉讼中被予以无效宣告，并已生效，基于新发生的事实对一审法院的相关认定予以纠正。微信食品公司实施的涉及第10213090号"微信"商标之涉案被控侵权行为，已构成侵害腾讯深圳公司、腾讯北京公司的驰名商标专用权。

综合考虑腾讯深圳公司、腾讯北京公司权利商标的显著性、知名度，相关公众的重合程度以及标志的近似程度和其他实际使用情况，可以认定相关公众能够将微信食品公司在被控侵权行为中涉及的"微信""微信食品""WECHATFOOD"商标与涉案驰名商标建立相当程度的联系，而且也存在相关公众将被控侵权行为所涉及的服务或商品的来源与腾讯深圳公司、腾讯北京公司建立错误联系的可能性。因此，上述行为破坏了权利商标与腾讯深圳公司、腾讯北京公司在计算机程序（可下载软件）、计算机软件（已录制）、信息传送等服务或商品上的唯一对应关系，足以减弱驰名商标的显著性，致使腾讯深圳公司、腾讯北京公司的利益受到损害。微信食品公司实施的上述被控侵权行为属于《商标法》（2013年修正）第57条第7项规定的侵犯注册商标专用权的情形，应当停止侵害，并承担相应侵权责任。

（九）二审判决

二审法院判决：（1）维持北京知识产权法院（2017）京73民初1668号

民事判决第二项、第三项、第五项；（2）撤销北京知识产权法院（2017）京73民初1668号民事判决第一项、第四项、第六项；（3）变更北京知识产权法院（2017）京73民初1668号民事判决第四项为：微信食品公司向腾讯深圳公司及腾讯北京有限公司赔偿经济损失1000万元及合理费用294366元；（4）微信食品公司、小小树公司立即停止侵犯涉案第9085979号商标、第15519249号商标、第10079843号商标以及第10079848号商标专用权的行为；（5）驳回腾讯深圳公司及腾讯北京公司的其他诉讼请求。

七、"三一"驰名商标侵权及不正当竞争诉讼案[1]

（一）案件来源

湖南省长沙市中级人民法院（2011）长中民五初字第0351号民事判决书

湖南省高级人民法院（2012）湘高法民三终字第61号民事判决书

（二）当事人信息

上诉人（原审被告）：马鞍山市永合重工科技有限公司

被上诉人（原审原告）：三一重工股份有限公司

（三）裁判要旨

复制、摹仿、翻译他人注册的驰名商标或其主要部分在不相同或者不相类似商品上作为商标使用，误导公众，致使该驰名商标注册人的利益可能受到损害的，属于侵犯他人注册商标权的行为。

市场主体参与市场经济活动，除存在直接的竞争关系外，还可能存在攀附、"搭便车"等非诚信行为，故受到他人不正当竞争行为影响的竞争者，均可能存在竞争关系，不以直接竞争关系为限。

---

[1] 即三一重工股份有限公司与马鞍山市永合重工科技有限公司涉"三一"驰名商标侵害商标权及不正当竞争纠纷案。

（四）案情简介

原告三一重工股份有限公司（简称三一重工公司）成立于1994年11月22日，其企业名称历经数次变更，成立时名称为湖南三一重工业集团有限公司，1995年1月25日变更为三一重工业集团有限公司，2000年12月8日变更为三一重工公司。注册资本为5062470758元，经营范围包括建筑工程机械、起重机械等。

权利商标一第1550869号"三一"商标由原告三一重工公司注册核准，该商标注册有效期限为2001年4月7日至2011年4月6日，核定使用商品为第7类，包括压路机、挖掘机、挖掘机（机器）、刷墙机、升降设备、搅拌机、压滤机、铁路建筑机器、混凝土搅拌机（机器）、推土机。

权利商标二第6131503号"三一"商标由原告三一重工公司注册核准，该商标注册有效期限为2010年6月21日至2020年6月20日，核定使用商品为第7类，包括地质勘探、采矿选矿用机器设备、采煤机、机床等商品。

另外，2009年8月7日原告三一重工公司受让取得第1550869号"三一"注册商标。

原告三一重工公司及"三一"商标在行业内具有较高市场知名度。

2007年3月14日，被告马鞍山市永合重工科技有限公司（原名马鞍山市三一重工机械制造有限公司，简称永合公司）正式成立，经营范围包括锻压机床、刀模具、工矿机械配件生产、销售。

被告永合公司系第6041218号"永合"文字及图商标注册人，商标注册有效期限自2009年11月28日至2019年11月27日，核定使用商品为第7类，包括机床，刀具（机器零件），地质勘探、采矿选矿用机器设备，铸模（机器部件），冲床（工业用机器），弯曲机，剪板机，折弯机，液压机，打包机。

被告永合公司在生产的折弯机、剪板机等产品上，不仅使用第6041218号"永合"文字及图商标的部分标识，而且同时将"三一机床""三一重工"文字组合使用，并对外开展产品宣传。

2011年，原告三一重工公司就被告永合公司的侵权行为向长沙市中级人民法院提起诉讼。

（五）一审审理

第一，原告三一重工公司第1550869号"三一"商标依法认定为驰名商标。

《驰名商标保护解释》第2条第2项规定："以企业名称与其驰名商标相同或者近似为由，提起的侵犯商标权或者不正当竞争诉讼中，当事人以商标驰名作为事实根据，人民法院根据案件具体情况，认为确有必要的，对所涉商标是否驰名作出认定。"

本案中，被告主要生产折弯机、剪板机等产品。原告第6131503号"三一"注册商标核定使用的商品包含机床商品，与被控侵权商品构成相同商品。第1550869号"三一"商标核定使用的商品，与被控侵权产品，在功能、用途、消费对象等方面均不相同，属于不相同且不类似商品。因此，本案原告主张被告实施行为侵犯第1550869号注册商标专用权的诉讼请求涉及驰名商标的跨类保护。

在驰名商标的司法认定中，应遵循个案认定、按需认定的原则。原告自成立以来经营状况良好，产品销售范围广，原告及其品牌获得了广泛的认可，经过原告长时间的持续使用和大力宣传，标注"三一重工"的产品获得较好的市场认可，"三一"商标已为相关公众所广为知晓。故应认定，原告第1550869号"三一"商标系驰名商标。

第二，永合公司突出使用"三一机床""三一重工"标识的行为侵犯了三一重工公司第1550869号"三一"驰名商标及第6131503号"三一"商标专用权。

被告在企业名称中冠以"三一"文字，并同时使用"三一"和"重工"文字，使其企业名称完整地使用了原告的"三一"驰名商标及"三一重工"股票名称，并在经营活动中以各种方式使用"三一"文字，可能使相关公众对被告是否与原告具有特定联系等产生误认，这种误认的可能性具有攀附原告知名度的主观故意。

被控侵权产品与第1550869号"三一"驰名商标核定使用的商品属于不相同且不类似商品。在原告持有第1550869号"三一"驰名商标的情况下，被告突出使用"三一"文字的行为，可能会在商品来源上对相关公众产生误导，使相关公众认为被告的商品与原告存在某种程度的关联，攀附原告商标的知名度和美誉，一定程度上削弱了原告与"三一"商标来源上的对应关系，损害了原告作为第1550869号"三一"驰名商标权利人的合法权益，其行为构成对第1550869号"三一"驰名商标权的侵犯。

同时，原告三一重工公司持有的第6131503号"三一"注册商标核准使用的商品范围包括机床类商品，永合公司未经许可，在其机床产品和对外宣传的醒目位置突出标注完整包含涉案第6131503号"三一"注册商标的"三一机床""三一重工"标识，属于在同一种商品上使用与他人注册商标相同的商标的行为，构成对原告第6131503号"三一"商标专用权的侵犯。

第三，永合公司在企业名称中使用"三一""三一重工"文字的行为构成不正当竞争。

市场主体参与市场经济活动，除存在直接的竞争关系外，还可能存在攀附、"搭便车"等非诚信行为，故受到他人不正当竞争行为影响的竞争者，均可能存在竞争关系，不以直接竞争关系为限。

原告"三一"驰名商标及以"三一"为字号的企业名称具有了较高的知名度，被告在企业名称中冠以"三一"文字，属于故意攀附原告的知名度及市场影响力。被告对其企业名称的使用方式，有可能使相关公众对原告与被告的关系产生误认或一定程度的联想，最终产生混淆，而这种混淆的可能对原告的商标和字号的功能产生实际损害。被告在企业名称中使用与原告第1550869号驰名商标相同的"三一"文字,属于将他人驰名商标作为企业字号使用的不正当竞争行为,并同时属于以使用他人具有知名度且为相关公众所知悉的企业名称中的字号的方式实施对原告企业名称权的不正当竞争行为,违反诚实信用原则,对原告构成不正当竞争。

(六)一审判决

一审法院判决:(1)被告永合公司立即停止侵犯原告三一重工公司第1550869号"三一"与第6131503号"三一"注册商标专用权的行为;(2)被告永合公司立即停止在企业名称中使用"三一"文字的不正当竞争行为;(3)被告永合公司赔偿原告三一重工公司经济损失400000元(包含原告的合理开支);(4)驳回原告三一重工公司的其他诉讼请求。

(七)二审审理及判决

被告永合公司不服,向湖南省高级人民法院提起上诉,请求撤销一审判决,改判驳回原告的全部诉讼请求。

湖南省高级人民法院二审审理认定,一审判决认定事实清楚,适用法律正确,并判决驳回上诉,维持原判。审理要点如下:

1. 关于商标侵权

永合公司在不相同、不相似产品突出标注"三一机床""三一重工"标识,完整包含了第1550869号"三一"驰名商标,易对相关公众产生误导,损害驰名商标注册人的合法权益,侵犯了三一重工公司第1550869号"三一"驰名商标的专用权。

永合公司在相同产品上突出"三一机床""三一重工"标识,完整包含了第6131503号"三一"注册商标,属于在同一种商品上使用与他人注册商标相同的商标的行为，侵害了三一重工公司第6131503号"三一"注册商标专用权。

2.关于不正当竞争

永合公司未经许可，在企业名称中冠以"三一"文字，该文字与三一重工公司的企业名称相同，与三一重工公司所持有的第1550869号"三一"驰名商标亦相同，虽然二者分属经营不同商品的企业，但永合公司的行为明显故意攀附被上诉人的知名度及市场影响力，有可能使相关公众产生误认和混淆，对三一重工公司的企业名称和商标功能产生实际损害，属于擅自使用他人的企业名称损害竞争对手的不正当竞争行为，并同时属于违反诚实信用原则，将他人驰名商标作为企业字号使用的不正当竞争行为。

第六章

在先商号与在后商标的权利冲突案例应用

一、"京天红"不正当竞争诉讼案[1]

(一)案件来源

北京市西城区人民法院(2020)京0102民初10062号民事判决书

北京知识产权法院(2021)京73民终726号民事判决书

北京市高级人民法院(2022)京民申1462号民事裁定书

(二)当事人信息

上诉人(原审被告):刘某雨

被上诉人(原审原告):京天红(北京)餐饮有限公司(简称京天红公司)

原审被告:虎的味蕾(北京)餐饮管理有限公司(简称虎的味蕾公司)

---

[1] 即京天红(北京)餐饮有限公司与刘某雨、虎的味蕾(北京)餐饮管理有限公司涉"京天红"不正当竞争纠纷案。

（三）裁判要旨

根据《反不正当竞争法》第6条第1款第2项，企业名称亦应包括企业名称中的字号，而"企业登记主管机关依法登记注册的企业名称"仅是对企业名称的常规解释，在字号许可、更迭、承继的特殊情况时，在认定企业名称过程中，不宜仅以企业登记公示的形式简单否认相关字号已经在市场上和公众中形成的与特定主体的联系，而应当尊重相关主体字号传承的历史，肯定字号传承过程中历届经营主体所积累的商誉，对相关企业主体已经与字号形成的特定对应关系予以承认。

擅自使用与他人有一定影响的商品名称、使用他人有一定影响的企业名称（包括简称、字号等）构成要件应当包括：（1）行为主体为与他人是具有竞争关系的经营者；（2）行为方式为擅自使用与他人有一定影响的商品名称相同或者近似的标识或者擅自使用他人有一定影响的企业名称；（3）行为主体具有攀附他人商誉的主观恶意；（4）行为结果为引人误认为是他人商品或者与他人存在特定联系。

商标专用权不能成为不正当竞争行为的权利障碍。如商标权人作为同一地域范围内的同业竞争者，在理应知晓他人在先字号或在先使用标识的使用和知名度的情况下，申请注册多件与他人显著性较强的在先字号和在先使用标识相同的商标，其行为难谓正当。商标权人使用以及授权其他主体在相同商品上使用商标的行为，具有攀附在先权益主体的主观恶意，其行为容易使人误认为是在先权益人的商品或者与在先权益人存在特定联系，构成不正当竞争行为。

（四）案情简介

1.关于京天红公司的主体情况

1994年10月，北京市工商行政管理局预先核准"北京京天上帝大厨房"企业名称。1995年1月北京京天上帝大厨房办理了卫生许可证；同年3月25日领取了营业执照，住所为北京市宣武区虎坊路，法定代表人景某云。

1996年7月30日，北京京天上帝大厨房将名称变更为北京京天红酒家，性质为国有企业，住所地为北京市宣武区虎坊路，法定代表人景某云，注册资金20万元，经营范围为中餐服务、零售酒、饮料。

2002年1月21日，北京京天红酒家向宣武工商分局出具说明，其中表明："京天红酒家"同意齐某兰在个体经营申办名称中将"京天红"作为字号使用。2002年10月2日，北京京天红酒家营业执照被吊销。

2002年2月6日，北京京天红酒楼成立，营业执照上登记的经营者为齐某兰，组成形式为个人经营，经营场所为北京市宣武区虎坊路，2007年6月19日注销。

2007年6月，北京京天红食府成立，营业执照上登记的经营者为王某，成立日期为2007年6月12日，组成形式为个人经营，企业类型为个体工商户，经营场所为北京市宣武区虎坊路。2007年6月13日北京市工商行政管理局出具的"企业名称预先核准通知书"中载明，北京京天红食府名称为北京京天红酒楼同意授权使用。其所附授权书载明，北京京天红酒楼同意将企业所属字号"京天红"授权给王某在拟成立的企业中作为企业字号使用，授权使用期至2016年12月1日。

2019年3月11日，北京京天红食府的经营者王某签字确认"个体工商户转变企业组织形式公告""债权债务清理及完税的情况说明"，其中载明北京京天红食府拟变更为企业组织形式，变更后的企业类型为有限责任公司，变更后名称为京天红公司，注册资本100万元。2019年4月12日，北京市工商行政管理局出具"个体工商户转型变更证明"，其中载明北京京天红食府于2019年4月12日已办理变更登记，变更后名称为京天红公司，类型为有限责任公司，法定代表人韩某俊，经营范围包含餐饮服务、销售食品。

2.关于京天红公司使用"京天红"标识的情况

2011年1月21日，北京京天红食府获准注册第7758705号"京天红"商标，商标有效期限至2021年1月20日，核定服务项目为第43类，包含备办宴席，住所（旅馆、供膳寄宿处），饭店，自助餐馆（截止）。2019年7月23日，该商标注册人变更为京天红公司。

京天红公司为证明其在先使用"京天红"且已经具有一定影响的事实，分别提交国家图书馆科技查新中心出具的检索报告和附件，显示以"京天红or虎坊桥7号"为检索词，在2010年至2019年期间有多篇文章中均对京天红酒家及"京天红炸糕"进行了介绍。京天红公司提交了多份在2011年至2019年期间各新闻媒体对"京天红"的报道。

3.关于刘某雨注册、使用及授权使用涉案"京天红"商标的情况

2012年7月13日，刘某雨申请注册第11204437号"京天红"商标，2013年12月7日，第11204437号"京天红"商标获准注册，商标专用权人为刘某雨，商标专用权期限自2013年12月7日至2023年12月6日，核定使用商品类别为第30类，包括炸糕、蛋糕、月饼、冰淇淋、面包、元宵、糖果、甜食、糕点、谷类制品（截止）。

2013年12月7日，第11204438号"京天红"商标获准注册，商标专用权人为刘某雨，商标专用权期限有效期自2013年12月7日至2023年12月6日，核定使用服务类别为第35类，包括广告，特许经营的商业管理，替他人推销，替他人采购（替其他企业购买商品或服务），饭店商业管理，电视广告，广告传播，商业管理和组织咨询，人员招收，组织商业广告展览（截止）。

2014年2月28日，第10800921号"虎坊桥"商标经商标局核准注册，注册人刘某雨，商标专用权期限自2014年2月28日至2024年2月27日，核定使用商品类别为第30类，包括冰淇淋、糖果、谷类制品（截止）。

2014年9月14日,第12385010号"虎坊桥"商标经商标局核准注册,注册人刘某雨,商标专用权期限自2014年9月14日至2024年9月13日,核定使用服务类别为第35类,包括广告,广告宣传,饭店商业管理,商业管理咨询,特许经营的商业管理,替他人推销,替他人采购(替其他企业购买商品或服务),人事管理咨询,会计,寻找赞助(截止)。

同时,虎的味蕾公司经刘某雨授权许可,使用上述第11204437号"京天红"商标、第11204438号"京天红"商标、第10800921号"虎坊桥"商标、第12385010号"虎坊桥"商标,许可期限自2019年6月10日至2020年6月9日。

4.关于本案指控的侵权事实

京天红公司发现,虎坊桥京天红炸糕(永定路店)、虎坊桥京天红炸糕(枣园店)等多家炸糕店在招牌、包装袋等商业使用中使用"京天红""京天红炸糕"标识。上述店铺均为虎的味蕾公司经营,并经刘某雨的授权使用上述标识。

由此,京天红公司以刘某雨、虎的味蕾公司在炸糕店门头和销售的包括炸糕在内的小吃包装袋上使用"京天红"商业标识侵犯其在先企业名称权及商品名称为由向北京市西城区人民法院提起诉讼。

(五)诉辩意见

原告诉请:(1)判令刘某雨立即停止在"炸糕"等商品上使用(包括授权使用,下同)"京天红"商标以及将"虎坊桥""京天红"结合使用的不正当竞争行为;(2)判令二被告立即停止使用"京天红"商业标识以及将"虎坊桥""京天红"结合使用的不正当竞争行为;(3)判令二被告十日内在《北京商报》显著位置(中缝除外)刊登澄清声明(内容须经法院审定)澄清事实、消除影响;(4)判令二被告赔偿原告经济损失100万元（刘某雨负担90万元，虎的味蕾公司负担10万元），合理支出192105元（其中公证费及国图资料费为22105元，律师费17万元）。

两被告答辩：（1）刘某雨、虎的味蕾公司及刘某雨授权的其他"京天红炸糕"档口使用"虎坊桥""京天红炸糕"的行为，是对刘某雨注册商标第11204437号"京天红"、第10800921号"虎坊桥"商标的合理使用，权利基础系基于注册商标专用权及许可授权，系合法使用，并非不正当竞争行为；（2）刘某雨使用"京天红""京天红炸糕""虎坊桥"的时间，早于京天红公司成立时间；（3）京天红公司在2007年6月12日前无企业名称权，无民事主体资格；（4）京天红公司与案外人北京京天红酒家、北京京天红酒楼互为独立的法律关系主体，三者之间无任何承继关系；（5）京天红公司的企业名称和商品名称不属于《反不正当竞争法》中规定的有一定影响的企业名称、有一定影响的商品名称的情形；（6）刘某雨与京天红公司不存在劳动合同关系；（7）已经注册为商标的名称，不得认定为知名商品的特有名称，该法律规定同样应适用于有一定影响的商品名称，否则将会导致已经经国家机关登记或审查程序核准的商标权权利减损，导致登记注册的权利与非登记注册的权利之间的直接冲突；（8）京天红公司即使存在在先权利（字号权），也是受限的在先权利，京天红公司仅可在原有的范围和规模内按照企业字号规范使用；（9）刘某雨并未实施不正当竞争行为，京天红公司要求赔偿巨额经济损失没有法律和事实依据；（10）除此之外，京天红公司提供的证据，不足以支撑其合理维权支出请求；（11）纵观京天红公司及其关联公司实施的下列行为，不难发现其真实意图：占有刘某雨"京天红""虎坊桥"系列商标，攫取其所积攒的商誉，并意图在特色小吃行业形成优势地位。

（六）一审审理

1.京天红公司"京天红"属于京天红公司具有一定影响的企业名称、商品名称

首先，《反不正当竞争法》第6条第1款第2项中的企业名称应包括企业名称中的字号，而解释中的"企业登记主管机关依法登记注册的企业名称"仅是对企业名称的常规解释，在字号许可、更迭、承继的特殊情况时，在认定企业名称过程中，不宜仅以企业登记公示的形式简单否认相关字号已经在市场上和公众中形成的与特定主体的联系，而应当尊重相关主体字号传承的历史，肯定字号传承过程中历届经营主体所积累的商誉，对相关企业主体已经与字号形成的特定对应关系予以承认。

本案中，虽然与"京天红"有关的主体存续时间存在交叉，但各主体的住所地同一，使得"京天红"字号的使用并不存在间断，"京天红"字号商誉经过每一个"京天红"主体的使用得以延续和传承，各主体对于"京天红"字号商誉的积累共同发挥了作用，直至延续至本案原告京天红公司。而京天红公司作为现存的唯一"京天红"企业主体，使用"京天红"字号具有正当性，且经过京天红公司的使用，"京天红"字号已经具有一定影响。

其次，京天红公司提交了2011年至2019年期间使用"京天红炸糕"的大量证据，足以证明京天红公司在经营中持续使用了"京天红炸糕"。因此，在刘某雨申请注册第11204437号"京天红"商标之前，京天红公司的炸糕产品和使用的"京天红炸糕"名称就已经具有一定影响。

因此，应当确认"京天红""京天红炸糕"为京天红公司有一定影响的企业名称和商品名称。

2.刘某雨使用和授权他人包括虎的味蕾公司在炸糕店铺、包装上使用"京天红"的行为，构成不正当竞争

《反不正当竞争法》第6条规定："经营者不得实施下列混淆行为，引人误认为是他人商品或者与他人存在特定联系：（一）擅自使用与他人有一定影响的商品名称、包装、装潢等相同或者近似的标识；（二）擅自使用他人有一定影响的企业名称（包括简称、字号等）、社会组织名称（包括简称等）、姓名（包括笔名、艺名、译名等）……"对此，符合上述规定的行为构成要件应当包括：（1）行为主体为与他人是具有竞争关系的经营者；（2）行为方式为擅自使用与他人有一定影响的商品名称相同或者近似的标识或者擅自使用他人有一定影响的企业名称；（3）行为主体具有攀附他人商誉的主观恶意；（4）行为结果为引人误认为是他人商品或者与他人存在特定联系。

具体到本案，在案证据能够证明京天红公司对"京天红""京天红炸糕"的使用在炸糕商品、炸糕店铺上，与二被告的使用行为存在交叉。刘某雨自申请注册第11204437号"京天红"商标时，就理应知晓"京天红""京天红炸糕"系京天红公司具有一定影响的企业名称、商品名称，主观上具有攀附京天红公司声誉的主观意图。两被告使用方式为在"炸糕"产品和炸糕店铺招牌上使用"京天红""京天红炸糕"，使用内容、方式与京天红公司完全相同，足以引人误认为是京天红公司的商品或者与京天红公司存在特定联系，造成相关公众的混淆，属于擅自使用京天红公司具有一定影响的企业名称、商品名称。

因此，刘某雨授权他人在炸糕店铺、包装上使用"京天红"和虎的味蕾公司在炸糕店铺、包装上使用"京天红"的行为构成不正当竞争，应当停止上述不正当竞争行为。

（七）一审判决

一审法院判决：（1）被告刘某雨、被告虎的味蕾公司立即停止不正当竞争行为，即被告刘某雨立即停止在炸糕商品上、炸糕店铺招牌上使用或授权他人在炸糕商品上、炸糕店铺招牌等位置使用"京天红"标识，被告虎的味蕾公司立即停止在炸糕商品上、炸糕店铺招牌等位置使用"京天红"标识；（2）被告刘某雨、被告虎的味蕾公司在《北京商报》非中缝位置刊登声明，消除影响；（3）被告刘某雨向原告京天红公司赔偿经济损失60万元及合理开支15万元，其中1万元合理开支由被告虎的味蕾（北京）餐饮管理有限公司共同承担；（4）驳回原告京天红公司的其他诉讼请求。

（八）二审审理及判决

两被告刘某雨、虎的味蕾公司不服，2021年向北京知识产权法院提起上诉，请求撤销一审判决，改判驳回原告的全部诉讼请求。

北京知识产权法院二审审理认定，一审判决认定事实清楚，适用法律正确，并判决驳回上诉，维持原判。审理要点如下：

1."京天红"属于京天红公司具有一定影响的企业名称，而"京天红炸糕"属于有一定影响的商品名称

在案证据显示"京天红"字号始于1996年7月30日，且自1996年至2019年间各企业主体的成立或变更时间前后连续，"京天红"字号的使用并未间断。使用"京天红"字号的企业主体虽几经变更，但其字号始终包含"京天红"，经营地址始终相同，京天红公司承继了历届经营主体所积累的商誉，一审判决认定"京天红"属于京天红公司具有一定影响的企业名称并无不当。

在案证据可以表明自2010年11月开始，多家媒体对虎坊桥的"京天红炸糕"进行了报道，报道中可以反映京天红公司从20世纪90年代开始售卖炸糕，"京天红炸糕"具有一定的知名度，构成有一定影响的商品名称。

2.刘某雨与虎的味蕾公司的行为构成不正当竞争行为

本案中，刘某雨作为同一地域范围内的同业竞争者，理应知晓"京天

红"字号及"京天红炸糕"的使用和知名度情况。其使用以及授权虎的味蕾公司以及其他主体在"炸糕"商品和炸糕店铺招牌上使用"京天红"商标，具有攀附京天红公司商誉的主观恶意，其行为容易使人误认为是京天红公司的商品或者与京天红公司存在特定联系，一审法院认定刘某雨与虎的味蕾公司的行为已构成不正当竞争行为并无不当。

（九）再审审理及裁决

被告刘某雨不服终审判决，2022年向北京市高级人民法院申请再审。

北京市高级人民法院经审理认定，刘某雨的申请再审理由均不能成立，并裁定驳回刘某雨的再审申请。

二、"红日"商标侵权及不正当竞争诉讼案[1]

（一）案件来源

广州知识产权法院（2017）粤73民初2239号民事判决书

广东省高级人民法院（2019）粤民终477号民事判决书

（二）当事人信息

上诉人（原审被告）：广东智美电器股份有限公司

上诉人（原审被告）：江西省红日家电有限公司（简称江西红日公司）

上诉人（原审被告）：河北广诺商贸有限公司（简称河北广诺公司）

上诉人（原审被告）：陕西爱博贸易有限责任公司（简称陕西爱博公司）

上诉人（原审被告）：郑州凯圣瑞商贸有限公司（简称郑州凯圣瑞公司）

被上诉人（原审原告）：广州市红日燃具有限公司（简称广州红日公司）

原审被告：中山市喜玛拉雅电器有限公司（简称喜玛拉雅公司）

原审被告：中山市千代电器有限公司（简称千代公司）

原审被告：石某文

原审被告：祝某

---

[1] 即广州市红日燃具有限公司与江西省红日家电有限公司、广东智美电器股份有限公司等涉"红日"侵害商标权及不正当竞争纠纷案。

（三）裁判要旨

相关企业名称是否在市场上有一定影响力从而受到《反不正当竞争法》保护，被诉行为是否恶意攀附并构成混淆误认，应以被诉行为发生之时作为判断的时间节点。

商标得以注册的合法形式不能掩盖被诉行为的侵权实质，更不能成为不正当竞争行为赖以产生甚至持续的合法依据。若在商标使用过程中故意构成相关公众混淆误认，攀附他人企业名称知名度，仍可通过《反不正当竞争法》予以制止。

根据《知产审判意见》第10条的规定，要按照诚实信用、维护公平竞争和保护在先权利等原则，依法审理权利冲突案件。

根据最高人民法院公布案例——山东宏济堂制药集团有限公司与山东宏济堂阿胶有限公司、粟某芳侵害商标权及不正当竞争纠纷案[1]，应本着尊重历史、保护在先权利、诚实信用、公平竞争等原则，依法处理商标与老字号的纠纷。

（四）案情简介

1.广州红日公司基本情况

1993年4月30日，广州市国营白云机电厂申请变更名称为广州市红日燃具公司，后者经营范围包括制造、加工炊事用具。2001年3月23日，广州市红日燃具公司申请变更名称为现企业名称广州市红日燃具有限公司。

最早自1993年5月26日起，《广州日报》《粤港信息日报》《南方日报》《徐州日报》《消费引导报》等媒体已经对广州红日公司红日灶具产品及其"红日RedSun及图"商标进行了宣传报道。1994年1月17日的《精品购物指南》、1998年4月19日的《江西日报》、2001年6月15日的《湖南

---

1 参见山东省高级人民法院（2013）鲁民三终字第2号民事判决书。

商情》、2001年11月17日的《信息时报》、2001年8月20日的《燕赵都市报》、2002年3月15日的《中国质量报》等媒体亦有相应报道。

2017年7月4日，国家图书馆科技查新中心出具检索报告称：以"红日and（燃具or灶具or厨卫）"为检索词，检索2000年1月1日至2017年6月20日慧科中文报纸数据库标题及内文，检出报纸文章798篇。广州红日公司挑选其中281篇提交法院，其中2000—2004年18篇，2005—2009年43篇，2010—2014年180篇，2015—2017年6月20日40篇。这些文章对广州红日公司"红日"品牌及产品进行了宣传。

2. 广州红日公司"红日"商标及知名度情况

权利商标第950873号" "商标由广州红日公司申请注册，核定使用在第11类燃气炉具、燃气热水器、电热水器、抽油烟机、消毒碗柜商品上，有效期限自1997年2月21日经续展至2027年2月20日。

2012年8月6日，中国五金制品协会向商标局出具《关于推荐广州市红日燃具有限公司"红日"为中国驰名商标的函》，同意推荐"红日"为中国驰名商标。

商标局分别于2014年、2015年认定权利商标在燃气炉具、抽油烟机、燃气热水器、消毒碗柜、燃气炉具商品为驰名商标。

另外，自2008年开始，权利商标分别被认定为广州市著名商标、广东省著名商标，以及对应的红日牌家用燃气灶具被认定为广东省名牌产品。

3. 广州红日公司"红日"产品销售情况

广州红日公司提交的2015、2016年度各地经销商协议和工作备忘录显示，其红日产品经销商覆盖全国30余省50余中大城市。且根据《现代家电》和《家电市场》杂志中怡康时代市场研究公司监测数据，从2011年起，"红日"吸油烟机和燃气灶在市场排名靠前。

4.广州红日公司与众被告的渊源及基本关系

2015年8月10日，石某文进入广州红日公司市场部工作。2016年7月8日，石某文因个人原因辞职。2016年8月17日，石某文及其配偶祝某、案外人李某共同发起设立广东睿尚电器股份有限公司（简称睿尚公司），注册资本1000万元，石某文和祝某占60%股份。2016年8月18日，睿尚公司登记成立，经营范围包括厨房设备及厨房用品批发、销售本公司产品、家用厨房电器具制造等。

江西红日公司、河北广诺公司、陕西爱博公司、郑州凯圣瑞公司分别是广州红日公司"红日"产品在江西、河北、陕西、河南的前省级经销商。江西红日公司和河北广诺公司自2002年起，陕西爱博公司和郑州凯圣瑞公司自2003年起与广州红日公司建立总经销关系。多份经销合同约定，原则上不允许经销与广州红日公司红日品牌产品相冲突的其他品牌产品；广州红日公司支持配合经销商拓展市场，在经销商完成一定销售任务的情况下给予不同比例市场投入费用支持。陕西爱博公司与广州红日公司的经销协议持续至2015年，2016—2017年广州红日公司转与陕西红日厨卫有限责任公司（简称陕西红日公司）签订经销协议。2017年4月，广州红日公司与江西红日公司、河北广诺公司、郑州凯圣瑞公司、陕西红日公司的经销协议停止履行。喜玛拉雅公司曾接受广州红日公司委托定牌生产红日厨卫产品。

5.关于广州红日公司主张的不正当竞争及商标侵权的事实

被诉侵权商标一第5920931号"红日e家"商标由江西红日公司于2007年2月16日申请注册，其中"e"嵌在实心圆中且字体留白。2009年12月14日，该商标核准注册，核定使用在第11类高压锅（电加压炊具）、风扇（空气调节）、冲水槽、水龙头、厨房用抽油烟机、热水器、饮水机、消毒碗柜、煤气灶、暖器等商品上，有效期限自2009年12月14日至2019年12

月13日。2016年8月30日，江西红日公司将该注册商标转让给睿尚公司。2017年4月6日，转让被核准。

关联商标一第4620243号"红日e家"商标由睿尚公司于2017年9月13日核准注册，核定使用在20类家具产品上。

关联商标二第24461731号"红日E家"商标由睿尚公司于2018年5月28日通过案外人处受让取得，于2008年11月7日核准注册，核定使用在第11类烘烤器具、电炊具、燃气炉、厨房用抽油烟机、空气净化装置和机器、水龙头、洗涤槽、淋浴热水器、水净化设备和机器、消毒碗柜商品上。

关联商标三第21175369号"RE"商标由睿尚公司于2017年11月7日核准注册，核准使用在第11类照明器械及装置、烹调器、电力煮咖啡机、电炉、电热水壶燃气炉、烘烤器具、电炊具、冷冻设备和机器、空气调节设备、空气净化装置和机器、厨房用抽油烟机、水加热器、水分配设备、洗涤槽、淋浴热水器、卫生器械和设备、水净化设备和机器、消毒碗柜、电暖器商品上。

睿尚公司成立后开始在燃气灶、抽油烟机、热水器、消毒柜、集成灶产品上使用"红日E家"或"RE"和"红日E家"组合商标。喜玛拉雅公司、千代公司接受睿尚公司委托定牌生产上述相关产品。

睿尚公司、江西红日公司、河北广诺公司、陕西爱博公司、郑州凯圣瑞公司分别在广东、江西、河北、陕西、河南五省自营或组织门店销售、宣传含有上述侵权标识的产品。同时，睿尚公司、河北广诺公司、陕西爱博公司还通过微信公众号及相关网站宣传上述侵权标识。

另外，2016年12月9日，睿尚公司注册域名redsun-gd.com。该域名网站www.redsun-gd.com宣称："红日E家"隶属睿尚公司，睿尚公司是一家集研发、生产、销售于一体的大型创新企业，专注厨电自主技术研发20余年，其营销战略辐射全国。网站上展示的"红日E家"牌产品除燃气灶、抽油烟机、热水器、消毒柜、集成灶外，还包括洗碗机。

2017年7月，广州红日公司就众被告的侵权行为向广州知识产权法院提起诉讼。

（五）诉辩意见

原告的诉请：（1）睿尚公司立即停止侵犯广州红日公司"红日"字号权益的不正当竞争行为，停止在燃气灶、抽油烟机、热水器、消毒柜、集成灶产品上使用第5920931号注册商标及其变体"红日E家"和"RSE+红日E家"，禁止转让第5920931号和第24461731号注册商标；（2）睿尚公司召回并销毁全部带有被诉商标的产品及宣传资料；（3）江西红日公司、河北广诺公司、陕西爱博公司、郑州凯圣瑞公司立即停止侵犯广州红日公司"红日"字号权益的不正当竞争行为，停止使用被诉商标，停止销售带有被诉商标的产品；（4）喜玛拉雅公司、千代公司立即停止侵犯广州红日公司"红日"字号权益的不正当竞争行为，停止制造带有被诉商标的产品；（5）睿尚公司立即停止侵害广州红日公司第950873号注册商标，停止使用并注销域名redsun-gd.com；（6）睿尚公司、江西红日公司、河北广诺公司、陕西爱博公司、郑州凯圣瑞公司、喜玛拉雅公司、千代公司、石某文、祝某共同在《中国工商报》显著位置（中缝除外）连续30天就其不正当竞争行为澄清事实、消除影响，并向广州红日公司公开道歉；（7）睿尚公司、江西红日公司、河北广诺公司、陕西爱博公司、郑州凯圣瑞公司、喜玛拉雅公司、千代公司、石某文、祝某共同赔偿广州红日公司经济损失5000万元；（8）睿尚公司、江西红日公司、河北广诺公司、陕西爱博公司、郑州凯圣瑞公司、喜玛拉雅公司、千代公司、石某文、祝某共同赔偿广州红日公司维权合理费用45万元；（9）睿尚公司、江西红日公司、河北广诺公司、陕西爱博公司、郑州凯圣瑞公司、喜玛拉雅公司、千代公司、石某文、祝某共同承担本案诉讼费用。

众被告的答辩：（1）在被告商标申请时，原告广州红日公司"红日"

商标及字号没有市场影响力，也没有知名度，且被诉商标与原告"红日"商标及企业字号共存多年，不存在市场混淆；（2）众被告的行为不构成不正当竞争；（3）睿尚公司与江西红日公司、河北广诺公司、陕西爱博公司、郑州凯圣瑞公司仅为产品购销关系，且被诉商标是合法注册，销售该商标的商品，不构成不正当竞争；（4）石某文、祝某依法成立睿尚公司，行为由睿尚公司实施，与股东无关；（5）本次纠纷实质并非不正当竞争，而是双方经销合同终止如何善后的问题；（6）没有证据显示原告有任何损失。综上，请求驳回原告的诉讼请求。

（六）一审审理

第一，法院有权审理本案广州红日公司字号权益与睿尚公司注册商标专用权之间的冲突纠纷。

根据《反不正当竞争法》第6条第2项的规定，擅自使用他人有一定影响的企业名称（包括简称、字号等），引人误认为是他人商品或者与他人存在特定联系，构成不正当竞争。

根据《权利冲突司法解释》第1条的规定，广州红日公司以他人注册商标使用的文字、图形等侵犯其著作权、外观设计专利权、企业名称权等在先权利为由提起诉讼，符合民事诉讼法相关规定的，人民法院应当受理。

本案中，睿尚公司是第24461731号"红日E家"商标注册人，依法享有注册商标专用权。将被诉商标与"红日E家"注册商标相比，两者除字形略有差别外，读音、含义完全相同，前者并未改变后者显著特征，可以视为对第24461731号"红日E家"商标的使用。

据此，本案焦点实际涉及字号权益与注册商标专用权的权利冲突，而法院可以处理广州红日公司字号权益与睿尚公司注册商标专用权之间的冲突。

第二，关于睿尚公司、江西红日公司、河北广诺公司、陕西爱博公司、郑州凯圣瑞公司、喜玛拉雅公司、千代公司、石某文、祝某是否侵害广州红日公司字号权益，构成不正当竞争。

根据《知产审判意见》第10条的规定，要按照诚实信用、维护公平竞争和保护在先权利等原则，依法审理权利冲突案件。

本案中，睿尚公司明知广州红日公司在先字号知名度，却选择使用与广州红日公司字号近似的商标，主观上具有攀附他人知名度的恶意，客观上容易导致相关公众误认，其行为有违诚信原则和商业道德，损害了广州红日公司和消费者的合法权益，故构成《反不正当竞争法》第6条第2项规定的不正当竞争行为。

而江西红日公司、河北广诺公司、陕西爱博公司、郑州凯圣瑞公司违反注意义务，与睿尚公司具有共同过错，构成共同侵权。

喜玛拉雅公司、千代公司虽接受睿尚公司委托生产被诉产品，但已尽到了合理注意义务，虽然与睿尚公司不构成共同侵权，但仍应单独为其生产侵权产品的行为承担侵权责任。

石某文、祝某虽是睿尚公司控股股东，但没有证据显示石某文、祝某以自己名义实施了侵害广州红日公司权益的行为，不构成共同侵权。

第三，睿尚公司的行为侵害广州红日公司第950873号商标专用权。

（1）睿尚公司在洗碗机上使用被诉商标侵害广州红日公司第950873号商标专用权。

睿尚公司第5920931号"红日e家"商标核定使用商品不包括洗碗机。故睿尚公司在洗碗机上使用被诉商标，不属于对"红日e家及图"注册商标的使用，不涉及双方注册商标之间的权利冲突。

广州红日公司第950873号"RedSun"商标核定使用在第11类燃气炉具、抽油烟机、消毒碗柜等商品上，虽与睿尚公司使用被诉商标在第7类洗碗机商品不同，但两者均属现代厨房必需品，可由一个厂家同时生产，销售渠道相同，也可成套出售和购买，两者构成类似商品。

睿尚公司在使用被诉商标时，还实施了一系列加大混淆的行为，具有明显攀附恶意。故以相关公众一般注意力为标准进行判断，被诉商标容易导致市场混淆，其与广州红日公司商标构成近似。综上，睿尚公司在洗碗机上使用被诉商标，侵害了广州红日公司第950873号"RedSun"商标专用权。

（2）睿尚公司注册使用被诉域名侵害广州红日公司商标权。

根据《商标纠纷解释》第1条第3项，将与他人注册商标相同或者相近似的文字注册为域名，并且通过该域名进行相关商品交易的电子商务，容易使相关公众产生误认的，构成商标侵权。睿尚公司注册使用被诉域名容易导致相关公众误认其产品来源于广州红日公司或与广州红日公司有特定联系，侵害了广州红日公司第950873号"RedSun"商标专用权。

（七）一审判决

一审法院判决：（1）睿尚公司停止在其燃气灶、抽油烟机、热水器、消毒柜、集成灶、洗碗机产品上使用"红日E家"商标，并于十日内销毁其侵权宣传资料并去除其库存产品上的侵权商标；（2）睿尚公司停止使用并于三十日内注销域名redsun-gd.com；（3）江西红日公司、河北广诺公司、陕西爱博公司、郑州凯圣瑞公司停止销售睿尚公司上述燃气灶、抽油烟机、热水器、消毒柜、集成灶产品；（4）睿尚公司、江西红日公司、河北广诺公司、陕西爱博公司、郑州凯圣瑞公司共同在《中国工商报》显著位置（中缝除外）刊登声明，消除影响、道歉；（5）睿尚公司赔偿广州红日公司经济损失5000万元及合理维权费用45万元，江西红日公司、河北广诺公司、陕西爱博公司、郑州凯圣瑞公司对上述赔偿数额各自在400万、800万、1000万、300万范围内承担连带赔偿责任；（6）驳回广州红日公司的其他诉讼请求。

（八）二审审理及判决

被告睿尚公司、江西红日公司、河北广诺公司、陕西爱博公司、郑州凯圣瑞公司不服，向广东省高级人民法院提起上诉，请求撤销一审判决，改判驳回原告的全部诉讼请求。

广东省高级人民法院二审审理认定，一审判决认定事实清楚，适用法律正确，并判决驳回上诉，维持原判。

第七章

在先商号与在后商号的权利冲突案例应用

一、"山起"不正当竞争诉讼案[1]

（一）案件来源

潍坊市中级人民法院（2006）潍民三初字第36号民事判决书

山东省高级人民法院（2007）鲁民三终字第108号民事判决书

最高人民法院（2008）民申字第758号民事裁定书

（二）当事人信息

上诉人（原审被告）：山东山起重工有限公司

被上诉人（原审原告）：山东起重机厂有限公司

（三）裁判要旨

当企业符合知名企业的条件，企业简称广为众人所知悉，甚至消费者或同行业人员习惯上用企业的简称替代企业名称时，应当将企业名称的简称纳

---

[1] 即山东起重机厂有限公司与山东山起重工有限公司涉"山起"侵犯企业名称权纠纷案。

入企业名称权保护范围，因为这类企业名称的混同很容易造成误解。侵犯企业名称权的行为还包括作类似使用引起公众误认的行为，而对于是否引起公众误认，通常根据是否属于同一行业、企业知名度等因素综合判定。

（四）案情简介

原告山东起重机厂有限公司（简称山东起重机厂）成立于1968年，以起重机械制造加工为主，1976年4月组建益都起重机厂，1991年10月31日变更名称为山东起重机厂，2002年1月8日成立山东起重机厂有限公司，其经营范围包括起重机械及配件的设计、制造、安装、咨询、技术服务与销售等业务。

被告山东山起重工有限公司（简称山起重工公司）成立于2004年2月13日，2004年5月24日获得企业法人营业执照，其经营范围为起重机械、皮带输送机械、石油机械设备制造、销售、安装、维修。

在被告山起重工公司成立过程中，山东省工商行政管理局于2004年1月13日同意其预先核准企业名称为山东山起重工有限公司。2004年2月26日，青州市经济贸易局向山东省工商行政管理局发出《关于申请保护山东起重机厂名称的报告》。该报告称，"'山起'既是山东起重机厂的简称，也代表着企业的形象，山起重工公司的注册损害了山东起重机厂的名称权利，并在职工中引起了强烈反响，恳切希望贵局对此企业名称给予撤销"。

2004年2月20日，青州市工商行政管理局请示山东省工商行政管理局研究处理因山起重工公司的企业名称引发的纠纷。山东省工商行政管理局个体私营经济监督处于2004年3月9日提出如下意见："山东起重机厂有限公司原为国有老企业，在生产经营和对外经济来往中使用'山起'作为企业简称，同时该企业在我省同行业中有一定知名度，现上述几个企业住所地都在青州市，在社会上易产生误解。根据有关规定，请你局做好双方企业的工作，并督促山东山起重工有限公司到省局变更企业名称。"

但山起重工公司一直未变更企业名称。该纠纷发生后，双方虽经青州市工商行政管理局、山东省工商行政管理局处理，但当事人未达成一致意见。根据青州市经济贸易局印发的2005年5月《工业经济月报》，山起重工公司2005年1月至5月利润总额为1502万元。

另查明：山东起重机厂李某民等于2003年8月28日向青州市工商行政管理局提出企业名称预先核准申请，青州市工商行政管理局于2003年8月28日出具（青）名称预核私字〔2003〕第590号企业名称预先核准通知书，同意预先核准其出资企业名称为"青州山起机械制造有限公司"，该预先核准的企业名称保留期至2004年2月27日，在保留期内，不得用于经营活动，不得转让。

原告山东起重机厂于2005年7月11日向山东省青州市人民法院起诉，请求判令被告山起重工公司立即停止对"山起"字号的使用，赔偿损失50万元，并承担诉讼费用。后来本案被移送至山东省潍坊市中级人民法院审理。

（五）一审审理

1."山起"是原告山东起重机厂的企业简称

原告山东起重机厂作为国有老企业，在山东省同行业中具有较高知名度。同时，作为中二型企业，其在企业规模、企业营销、企业荣誉、企业贡献等诸多方面不仅为同行业认可，而且被社会广泛认知，具有较高知名度。从行业比较看，山东起重机厂业已形成一个消费群体，用户在看到具有"山起"字样的名称时，很容易与其产生联系。"山起"不仅是山东起重机厂或山东起重机厂有限公司的简称，更是从益都起重机厂创建以来，经过多年发展由众多因素凝聚成的企业无形资产，因此应当确认"山起"系山东起重机厂企业名称的简称。

2.被告山起重工公司使用企业字号"山起"构成不正当竞争

被告山起重工公司使用山东起重机厂在先使用并知名的企业名称中最

核心的"山起"字号，双方当事人所属行业相同或有紧密联系，其住所地都在青州市，使相关公众产生误认，应当认定山起重工公司已构成对山东起重机厂名称权的侵犯。

（六）一审判决

一审法院判决：（1）山起重工公司到工商管理部门办理变更企业名称的相关手续，停止使用"山起"二字作为字号；（2）山起重工公司赔偿山东起重机厂经济损失人民币20万元；（3）驳回山东起重机厂的其他诉讼请求。

（七）二审审理及判决

被告山起重工公司不服一审判决，向山东省高级人民法院提起上诉。

山东省高级人民法院经审理，认为一审判决认定事实清楚，适用法律正确，并判决驳回上诉，维持原判。审理要点如下：

（1）"山起"在特定区域，特别是在青州市，被相关公众识别为山东起重机厂，在山起重工公司成立将"山起"用于企业名称之前，已经是山东起重机厂的特有识别简称，可以为《反不正当竞争法》所保护；

（2）山起重工公司在企业名称中使用"山起"，没有正当理由，并且由于其住所地在青州市，同于山东起重机厂所在地，客观上极易导致相关公众对两家企业产生误认，构成不正当竞争。

（八）再审审理

山起重工公司不服终审判决，向最高人民法院申请再审，最高人民法院于2008年裁定再审。

最高人民法院经审理认为，原审判决认定"山起"是"山东起重机厂"为公众所认可的特定简称正确，山起重工公司使用"山起"字号构成不正当竞争正确，并裁定驳回山起重工公司的再审申请。

二、"巨人"商标侵权及不正当竞争诉讼案[1]

(一)案件来源

上海知识产权法院(2018)沪73民初459号民事判决书
上海市高级人民法院(2020)沪民终538号民事判决书

(二)当事人信息

上诉人(原审原告):巨人网络集团股份有限公司(简称巨人网络集团公司)

上诉人(原审原告):珠海巨人高科技集团有限责任公司(简称珠海巨人公司)

上诉人(原审原告):巨人投资有限公司(简称巨人投资公司)

上诉人(原审原告):上海巨人网络科技有限公司(简称上海巨人网络公司)

上诉人(原审被告):巨商智能科技(上海)有限公司(简称巨商公司)

被上诉人(原审被告):巨人(深圳)企业科技发展有限公司[简称巨人(深圳)公司]

被上诉人(原审被告):深圳巨人网络电子商务有限公司(简称深圳

---

[1] 即巨人网络集团股份有限公司等与巨人(深圳)企业科技发展有限公司等涉"巨人"侵害商标权及不正当竞争纠纷案。

巨人公司）

（三）裁判要旨

《反不正当竞争法》上的竞争关系并不仅是指经营者与经营同类商品的竞争对手争夺交易机会所产生的直接竞争关系，还包括以不正当手段谋取其他经营者的竞争优势、获取更多交易机会所产生的间接竞争关系。即使双方不属于同业竞争或经营的商品不相同或不近似，但如果被诉行为扰乱市场竞争秩序，且损害其他经营者的合法权益，仍可寻求《反不正当竞争法》予以保护。

（四）案情简介

1.四原告基本情况

原告珠海巨人公司成立于1991年3月22日，原企业名称为"珠海巨人高科技集团公司"，1996年9月1日变更为现企业名称，注册资本为22279400元，史某柱系股东之一并任董事长。经营范围包括进出口业务、房产开发、批发、零售电子元器件、电子计算机技术服务、通信设备、化妆品等。

原告巨人投资公司成立于2001年4月23日，注册资本为116880000元，史某柱系股东之一并任法定代表人，经营范围包括实业投资、计算机网络开发、服务，投资管理，资产管理，投资咨询，商务信息咨询，企业管理咨询。

原告上海巨人网络公司成立于2004年11月18日，注册资本为36808756元，股东为原告巨人网络集团公司，经营范围包括计算机软硬件设计、计算机游戏软件的开发、销售，网络游戏出版运营，利用互联网经营游戏产品等。

原告巨人网络集团公司原名重庆新世纪游轮股份有限公司（系上市公司，公司证券简称"世纪游轮"），成立于1997年7月22日。2017年3月27

日，变更为现企业名称注册资本为2024379932元，史某柱任董事长，经营范围包括计算机游戏软件的开发、销售，网络游戏出版运营，利用互联网销售游戏产品，动漫设计、制作，计算机软硬件设计、系统集成服务及数据处理，健康咨询等。重庆市工商行政管理局于2017年8月16日颁发的《企业集团登记证》载明，企业集团名称（简称）为"巨人网络集团"，母公司名称为"巨人网络集团股份有限公司"，即原告巨人网络集团公司。

2.四原告主张权利的涉案注册商标等基本情况

2009年9月14日，原告巨人投资公司申请的第5431856号"巨人"商标经核准注册，核定使用服务项目为第41类组织表演、组织竞赛（教育或娱乐）、书籍出版、在线电子书籍和杂志的出版、（在计算机网络上）提供在线游戏、学校（教育）等。

2015年1月14日，原告巨人投资公司申请的第13121387号"巨人"商标经核准注册，核定使用服务项目为第41类教育、组织表演（演出）、组织教育或娱乐竞赛、书籍出版、在线电子书籍和杂志的出版、在电子计算机网络上提供在线游戏等。

除上述涉案注册商标外，原告巨人投资公司在多个类别上申请注册了包括"巨人""巨人网络""巨人使命""巨人大行动"在内的多个商标。

四原告"巨人"字号及"巨人集团"简称、涉案"巨人"注册商标投入大量商业使用，经长期宣传推广，并被媒体多次报道。同时，四原告及涉案"巨人"注册商标获得诸多荣誉奖项。

3.三被告基本情况

被告巨商公司成立于2015年6月5日，住所地位于上海市，成立时股东为金某胜、夏某洲、孙某江，夏某洲为执行董事并任法定代表人，孙某江任监事，注册资本500万元，经营范围包括从事智能化科技、节能环保科技、空气净化设备、净水设备、网络科技领域内的技术服务，投资管理，资产管理，企业营销策划，家用电器，厨房用品，日用百货，净水设备设计与安装等。2016年1月27日，被告巨人（深圳）公司成为被告巨商公司唯一股东。2018年9月11日，被告巨商公司执行董事和法定代表人变更为石某松，孙某江仍任监事。

被告巨人（深圳）公司成立于2015年12月9日，成立时股东为金某胜、夏某洲、孙某江，夏某洲为执行董事并任法定代表人，孙某江任监事。注册资本1500万元，经营范围包括智能化科技、节能环保科技、空气净化设备、净水设备、网络科技的技术服务、技术开发、技术咨询，环保设备、空气净化设备、净水设备的设计、销售、租赁、安装，投资管理、资产管理、商务咨询，日用百货的批发及销售，国际贸易，环保设备、空气净化设备、净水设备的生产等。2016年10月13日，该公司股东变更为孙某江和夏某洲，两者占股分别为70%和30%。2018年10月9日，该公司执行董事和法定代表人变更为石某松，夏某洲任总经理，孙某江仍任监事。被告巨人（深圳）公司下属上海分公司成立于2016年4月12日，负责人为孙某江，经营范围包括智能化科技、节能环保科技、网络科技领域内的技术服务、空气净化设备、净水设备的设计、销售、租赁、安装等。

被告深圳巨人公司成立于2016年11月23日，注册资本1000万元，被告巨人（深圳）公司系其唯一股东，成立时夏某洲为执行董事并任法定代表人，孙某江为监事。经营范围包括开发、销售计算机网络应用软件，电子商务，网络技术服务，投资信息服务，市场营销策划，市场管理服务，设计、制作、加工计算机网络产品并提供相关技术服务和咨询服务。2018年10月9日，该公司执行董事和法定代表人均变更为石某松，夏某洲任总经理，孙某江仍任监事。被告深圳巨人公司下属上海分公司成立于2017年6月7日，负责人为孙某江。

深圳市工商行政管理局先后于2016年2月1日和2018年1月22日颁发的

"企业集团登记证"载明，企业集团名称为深圳巨人企业科技发展集团（简称深圳巨人集团），母公司名称为"巨人（深圳）企业科技发展有限公司"。2018年1月22日颁发的《企业集团登记证》还载明，集团成员企业为被告巨商公司、上海好猫实业有限公司、被告深圳巨人公司。

4.原告指控众被告有关侵权事实

四原告指控三被告在经营活动及对外宣传中大量使用"巨人"字号和"巨人集团"简称，将"巨人"二字拼音"juren"注册为域名主体识别部分，并在杂志、宣传册、网站、微信公众号中宣称"原史某柱脑白金项目团队原班人马打造全新的商业模式"等。

（五）诉辩意见

四原告的诉讼请求：（1）判令三被告停止侵犯原告巨人投资公司第5431856号、第13121387号"巨人"注册商标专用权的行为；（2）判令三被告停止不正当竞争行为，包括：被告巨人（深圳）公司变更其企业名称及上海分公司名称、变更深圳巨人企业科技发展集团（简称深圳巨人集团）的名称，被告深圳巨人公司变更其企业名称，上述变更后的名称均不得含有"巨人"字样；三被告停止将"巨人"或"巨人集团"作为其简称进行使用，停止在对外宣传中使用"巨人国际""巨人科技""巨人物联"字样；三被告停止在经营和宣传活动中使用"巨人国际控股集团有限公司"的企业名称；三被告拆毁位于上海市闵行区的"巨人集团"户外广告牌；停止播放盗用巨人集团名义、含有史某柱先生肖像的企业视频宣传片；停止在杂志、企业网站、微信公众号等平台实施的虚假宣传行为；（3）被告停止使用含有"巨人" 拼音为主体部分的五个域名：jurenjituan.net、jurenguoji.com、jurenwulian.com、jurenwulian.cn、jurenwulian.net，并将上述域名转让给原告巨人网络集团公司；（4）判令三被告在《解放日报》刊登声明消除影响（内容需经法院审核）；（5）判令三被告连带赔偿四原告经济损失1000万元及合理费用124305元。

三被告共同答辩，不同意四原告的诉讼请求，理由主要为：（1）原告巨人投资公司的"巨人"商标注册以来极少应用于实际产品，持续使用时间也未超过三年，市场影响力较小，不应认定为驰名商标；（2）被告巨商公司已经申请获得了第18377238号"巨人优特The giant utility 及图"、第17274182号"巨人优特The giant utility及图"、第17273963号"巨人国际The giant international及图"注册商标专用权，三被告系合法使用注册商标，且与原告"巨人"商标核定商品不相同或不近似，不构成商标侵权；（3）三被告合法注册含有"巨人"的企业名称，不存在攀附、假冒商誉的虚假宣传行为，不构成不正当竞争。

（六）一审审理

1.现有证据不足以证明原告权利商标第5431856号、第13121387号"巨人"注册商标已经具备认定驰名商标的条件

本案中，四原告主张认定权利商标第5431856号、第13121387号"巨人"商标为驰名商标。两权利商标核定使用的服务均为第41类在计算机网络上提供在线游戏等，而被诉侵权商品为净水设备和智能家居产品，两者类别不相同也不相类似。四原告在本案中提供的证据虽能证明"巨人"注册商标经过其使用和宣传，在游戏行业有较高知名度，但其知名度仅限于核定使用的服务范围本身，而该商标核定使用的服务与被诉侵权商品之间的相关公众或者消费者存在明显差异，且"巨人"一词是通用词汇，显著性并不高。四原告提供的现有证据不足以证明涉案注册商标已经具备认定为驰名商标的条件，其在本案中基于"巨人"为驰名商标作为权利基础主张三被告构成商标侵权，不应成立。

2.被告使用企业字号"巨人"构成擅自使用四原告有一定影响的企业名称"巨人"的不正当竞争行为

被告经营的是净水设备和智能家居产品，其经营的业务与原告经营的保健品和计算机游戏等业务虽有不同，但《反不正当竞争法》上的竞争关系并不仅是指经营者与经营同类商品的竞争对手争夺交易机会所产生的直接竞争关系，还包括以不正当手段谋取其他经营者的竞争优势、获取更多交易机会所产生的间接竞争关系，故本案中原、被告之间存在竞争关系，原告可以依据《反不正当竞争法》主张权利。

在案相关证据表明，原告珠海巨人公司于1991年成立后，涉足计算机软件、健康、医药等产业，其在其产品和宣传活动中使用"巨人"和"巨人集团"。原告珠海巨人公司成立时的企业名称为"珠海巨人高科技集团公司"，现在的企业名称为"珠海巨人高科技集团有限责任公司"，"巨人"是其字号，"巨人集团"是其企业名称的简称。通过其多年经营和宣传，"巨人"字号和"巨人集团"简称在保健品等行业中一直具有较高的知名度，构成有一定影响的企业名称及简称。三被告明确知晓早已存在并为相关公众所知悉的原告"巨人"字号和"巨人集团"简称，但其仍将"巨人"作为字号进行企业名称登记，并先后于2015年和2016年在内地成立了上述一系列公司的行为，主观上明显存在攀附四原告商誉"搭便车"之意，亦足以导致相关公众对原、被告之间是否具有关联关系的市场主体产生混淆和误认，从而使原告的利益受损，故上述被诉行为均构成擅自使用原告有一定影响的企业名称（包括字号及简称）的不正当竞争行为。

（七）一审判决

一审法院判决：（1）被告巨商公司、巨人（深圳）公司、深圳巨人公司停止擅自使用原告巨人网络集团公司、珠海巨人公司、巨人投资公司、上海巨人网络公司企业名称的不正当竞争行为和虚假宣传的不正当竞争行为，被告巨人（深圳）公司向相关部门申请变更其企业名称，同时变更巨人（深圳）公司上海分公司的企业名称和深圳巨人集团的企业集团名称，被告深圳巨人公司向相关部门申请变更其企业名称，上述变更后的企业名称和企业集团名称中均不得包含"巨人"文字；（2）被告巨商公司、巨人（深圳）公司、深圳巨人公司在《解放日报》（除中缝外）刊登声明，消除不良影响；（3）被告巨商公司赔偿原告巨人网络集团公司、珠海巨人公司、巨人投资公司、上海巨人网络公司经济损失10万元；被告巨商公司、巨人（深圳）公司、深圳巨人公司连带赔偿原告巨人网络集团公司、珠海巨人公司、巨人投资公司、上海巨人网络公司经济损失300万元及合理费用112905元；（4）驳回原告巨人网络集团公司、珠海巨人公司、巨人投资公司、上海巨人网络公司的其他诉讼请求。

（八）二审审理及判决

四原告及被告巨商公司不服一审判决，向上海市高级人民法院提起上诉。

上海市高级人民法院经审理，认为一审判决认定事实清楚，适用法律正确，并判决驳回上诉，维持原判。

三、"米高梅"不正当竞争诉讼案[1]

（一）案件来源

上海市浦东新区人民法院（2017）沪0115民初85362号民事判决书

（二）当事人信息

原告：米高梅电影公司

原告：米高梅公司

被告：深圳市米高梅影业有限公司

（三）裁判要旨

判定在后字号是否构成不正当竞争的关键在于是否足以引人误认，产生混淆。基于此，本案法院综合考虑了原告的知名度较高，被告的不正当竞争行为呈体系化、恶意显著、混淆程度高、持续时间长，且拒不提供与侵权行为相关的账簿、合同等因素，米高梅集团作为"好莱坞老字号"，其中文字号"米高梅"、英文字号"METRO-GOLDWYN-MAYER"及英文字号简称"MGM"获得了法院判决的全面保护。

---

[1] 即米高梅电影公司、米高梅公司与深圳市米高梅影业有限公司涉"米高梅"不正当竞争纠纷案。

（四）案情简介

1. 两原告、米高梅集团历史及其在中国的经营状况

米高梅集团是20世纪初美国好莱坞八大电影公司之一，其于1924年由米特罗（METRO）、高德温（GOLDWYN）及梅耶（MAYER）三家公司合并在美国成立。米高梅集团及其关联公司使用的英文企业字号为"METRO-GOLDWYN-MAYER"，简称"MGM"。在中国，米高梅集团的中文字号则以米特罗、高德温及梅耶三家公司的中文译名首字组合而成，即"米高梅"。而其经典的雄狮标识也一直被米高梅集团使用至今，成为其最具有显著性和知名度的标识之一。20世纪20年代起，米高梅集团投资、制作、发行了大量知名影片，并获得许多奖项，使其在娱乐行业声誉日隆，影响力遍及世界。

作为米高梅集团旗下公司，原告米高梅电影公司于1993年在美国注册成立，于1997年变更为现名称。其企业英文名称多次变更，初始包含"METRO-GOLDWYN-MAYER"，其后短暂变更为"MGM"，后又重新使用"METRO-GOLDWYN-MAYER"至今。原告米高梅公司于1986年在美国注册成立，于1992年变更为现名称，其企业英文名称自1986年11月起包含"MGM"，于1987年1月更名后包含"METRO-GOLDWYN-MAYER"至今。

米高梅集团及其影片很早即进入中国市场。2017年3月，国家图书馆科技查新中心出具检索报告，显示早自1953年起，中国媒体即以"米高梅公司"指代米高梅集团及其关联公司，部分报道中还以"MGM"作为米高梅集团的英文简称，少部分报道则以"Metro-Goldwyn-Mayer"作为其名称，该类报道时间一直延及检索日2016年年底前。

在中国网络媒体上，也对米高梅集团及其电影有大量报道。两原告提交证据显示，早在2006年11月，即存在相关网络媒体报道，其中对米高梅集团及其关联公司称呼为"米高梅公司""米高梅电影公司"等，或直接以"米高梅"称呼。

2.被告企业情况及实施的侵权行为

被告深圳市米高梅影业有限公司（简称深圳米高梅公司）成立于2008年11月17日，注册资本为2000万元，经营范围为投资电影院（不含电影放映，具体项目另行申报）、投资影视剧（不含电影放映、制作）、影视设备的研发及销售等。其企业名称原为深圳市贤兴数码影院有限公司，并于2013年6月17日变更企业名称为现名称。

被告深圳米高梅公司于2013年6月22日注册域名mgmchn.com、mgmchn.cn，通过上述域名网站用于宣传、推广其加盟、开办米高梅影城业务。

2016年始，原告发现，被告深圳米高梅公司在未经授权的情况下，将其企业字号变更为"米高梅"，并以"米高梅""米高梅影业""MGM""MGMPICTURESINTERNATIONAL""METRO-GOLDWYN-MAYER"以及相关雄狮标识于中国各地授权第三方开办米高梅影院。同时，在影院装潢、会员卡、电影票、海报以及工作人员名片、宣传册等载体上使用了"米高梅""MGM"及雄狮图案等标识。

2017年11月，原告就被告不正当竞争行为向上海市浦东新区人民法院提起诉讼。

（五）诉辩意见

两原告诉请：（1）判令被告深圳米高梅公司立即停止实施针对两原告的涉案不正当竞争行为，具体包括：立即停止侵犯两原告企业名称权、字号权以及简称的行为，立即变更企业名称且变更后的企业名称中不得包含有"米高梅"字样，立即停止实施引人误解的虚假宣传行为等；（2）判令被告深圳米高梅公司针对除北京市外的全国范围内的不正当竞争行为赔偿原告米高梅公司经济损失及为制止侵权所支出的合理开支300万元，并判令被告美影企管公司及美影投发公司对前述300万元中的100万元承担连带赔偿责任；（3）判令被告深圳米高梅公司在《看电影》《环球银幕》《电影世界》期刊上连续三期发表声明，公开消除因本案侵权行为给两原告造成的不良影响。

被告答辩：（1）"米高梅""MGM"字号不属于两原告独享，在中国和美国均有其他相同和近似的企业名称存在；（2）被告的行为没有误导公众，不构成不正当竞争；（3）被告在宣传的显著位置规范使用了企业名称的全称；（4）被告业务与两原告业务不存在竞争，双方不是竞争者关系，不会构成不正当竞争；（5）就赔偿数额，被告认为不能依据其与被告美影企管公司、美影投发公司的合同来推定其收益，两原告主张的赔偿金额明显过高。

（六）一审审理

1.原告中文字号"米高梅"、英文企业名称简称"MGM"以及英文字号"METRO-GOLDWYN-MAYER"均构成具有一定影响的企业名称

美国米高梅集团于20世纪20年代即在美国成立，通过投资、制作、发行大量知名影片并获奖，在娱乐业，尤其是在电影业，享有很高的知名度和美誉度。而早在1953年，我国媒体即以"米高梅公司"指代米高梅集团及其关联公司，并持续至今。20世纪90年代开始，我国电影市场向好莱坞开放后，米高梅集团投资、制作、发行的影片在我国上映并通过网络传播，并发行正式出版物，取得了较高的票房及经济利益，进一步提升了其在中国的知名度。因此，"米高梅"字号经过米高梅集团及两原告长时间的持续使用和广泛宣传，在娱乐业领域，特别是在电影业内，具有很高知名度，为相关公众所知悉，该"米高梅"字号属于米高梅集团及两原告有一定影响的企业名称。

"MGM"是米高梅集团及两原告英文企业字号"METRO-GOLDWYN-MAYER"三个英文单词首字母组成的英文企业名称简称。根据在案证据,从米高梅集团进入中国市场后,就以"MGM"作为其英文企业名称简称使用,其方式为在电影海报、出版物、电影片头、片尾等载体上使用"MGM"指代米高梅集团及其关联公司,且在媒体报道中亦以"MGM"指代米高梅集团。法院认为,经米高梅集团及两原告的持续经营及使用,该"MGM"英文企业名称简称在娱乐业领域,特别是电影业领域享有很高知名度,为相关公众所知悉,具有一定影响。

"METRO-GOLDWYN-MAYER"系米高梅集团及两原告英文字号。根据在案证据,从米高梅集团进入中国市场后,就以"METRO-GOLDWYN-MAYER"作为其英文企业字号使用,其方式为在电影海报、出版物、电影片头、片尾等载体上使用,且媒体报道中亦以"METRO-GOLDWYN-MAYER"指代米高梅集团。因此,该"METRO-GOLDWYN-MAYER"英文企业字号在娱乐业领域,特别是电影业领域享有较高知名度,为相关公众所知悉,系具有一定影响的企业名称。

2. 深圳米高梅公司的行为构成不正当竞争

(1)深圳米高梅公司使用"米高梅"字号行为构成不正当竞争。

被告深圳米高梅公司于2013年变更企业名称为现名称,此时,"米高梅"字号早已属于有一定影响的企业名称。深圳米高梅公司经营内容与米高梅集团及两原告经营内容高度关联,深圳米高梅公司使用"米高梅"字号从事授权加盟、开办米高梅影城项目,足以引人误认为其与米高梅集团及两原告间存在特定联系,产生混淆,因此该行为已构成不正当竞争。

(2)深圳米高梅公司注册、使用mgmchn.cn、mgmchn.com域名行为构成不正当竞争。

涉案被控侵权域名主要部分以及具有显著性的部分"mgm"与两原告

有一定影响的企业简称"MGM"文字构成、排列顺序完全相同,仅存在字母大小写的差别,故已构成相同,足以造成相关公众的误认。

(3)深圳米高梅公司使用"METROGOLDWYNMAYER""METRO-GOLDWYN-MAYER"标识的行为构成不正当竞争。

深圳米高梅公司将上述标识用于其授权加盟、开办米高梅影城项目,足以引人误认为其与米高梅集团及两原告间存在特定联系,产生混淆。

(七)一审判决

一审法院判决:(1)被告深圳米高梅公司停止实施不正当竞争行为;(2)被告深圳米高梅公司将域名mgmchn.cn及mgmchn.com移转至原告米高梅公司名下,由原告米高梅公司注册使用;(3)被告深圳米高梅公司变更企业名称,并不得在变更后的企业名称中使用"米高梅"字样;(4)被告深圳米高梅公司赔偿原告米高梅公司经济损失及为制止侵权所支出的合理开支合计300万元;(5)被告深圳米高梅公司在《环球银幕》上连续三期发表声明,消除不良影响;(6)驳回原告米高梅电影公司、米高梅公司的其他诉讼请求。

本案一审宣判后,被告深圳米高梅公司未提起上诉,一审终审。

推 荐 语

推荐语排序不分先后

《商标与商号的权利冲突：法律实务与案例应用》的新作凝结了陈明武律师法律心血，对商标和商号的法律冲突进行了详细的法律知识梳理以及深入浅出的案例剖析。这不仅是一本法律工具书，更是一本关于商标商号权利冲突问题实务解决的工作指南，值得各位读者反复阅读和思考。

——智合创始人、董事会主席、首席执行官　洪祖运

商标与商号的权利冲突是商业活动中常见的法律问题，本书围绕这一问题对冲突进行了详细的分类，并辅以丰富的案例进行说明，可读性强、真实反映实务状况，相信这本书一定能对商标所有权人和法律服务工作者提供借鉴和帮助。同时，本书凝聚了广悦知识产权领域团队成员的心血，其专业性不言而喻，值得肯定。

——广东广悦律师事务所主任　杨杰

"博观而约取，厚积而薄发"，明武律师一直深耕知识产权领域，对于商标与商号的法律纠纷的研究广泛、分析透彻，更能做好知识管理，输出著作指导实务，果然是极好的！明武律师真是业界劳模。

——广州市政协委员　胡桂芬

商标和商号在商业活动中都能起到指示来源的作用，某种意义上说两者的功能有一定的重合，都具有禁止混淆的功能，但是两者又分属不同的法律制度保护，从注册到保护的程序都有所区别，所以司法实践中，当两者分属不同主体的时候，所谓"冲突"就不可避免，其解决途径总是一个令人困惑的问题。相对来说，《商标法》对于商标的保护较为具体和明确，而《反不正当竞

争法》则相对笼统，可解释空间相对较大。这种情况下，单纯地对法律和法理本身进行研究，可能会过于抽象，也未必能全面考虑到经济生活中的方方面面利益。此时，案例就给理论研究和法律适用提供了鲜活的示范，更给市场主体提供了更明确和及时的行为指引，给正当权益受到侵害的权利人更清晰地维权指导，陈律师这本书荟萃了丰富的案例并进行解析，除了具备上述功能，对于法律职业人士也是一本非常好的工具书。

——中关村远见知识产权创新研究院院长 余晖

陈明武律师有近十年代理商标诉讼案件的实务经历，积累了相当丰富的实战经验。在繁忙的律师工作之余，陈明武律师还不忘提升自己的研究水平，出版了多部专著，在业界已经小有名气，这种勤奋好学、兢兢业业的拼搏精神值得鼓励和称赞！

拜读陈明武律师的新著《商标与商号的权利冲突：法律实务与案例应用》，可以管窥他对中国商标法实践的熟稔与洞见。别看商标只是一个小小的符号，但其涉及心理偏好、社会形态、商业模式、经济规律、历史演进、逻辑思辨、道德规范和法学原理等诸方面的复杂问题，需要研究者、实践者付出巨大的体力、智力和热情加以耕耘，才能有所收获。

陈明武律师的这部新著并没有止步于收集、汇编和转述中国最具典型价值的相关案例，而是提炼出这些案例的核心争议点及审理法官对此的回应，并勇敢而鲜明地给出了自己的观点与认识，使得这部著作具有了难能可贵的学术品位，让人耳目一新。相信有机会阅读此书的读者一定会有所收获和启迪。

——中国法学会知识产权法学研究会理事 熊文聪

陈明武律师利用专业特长以及丰富实战经验整理并编写本书，难能可贵。本书在法律法规的基础上，以典型案例实务经验为抓手，梳理、总结了商标与商号权利冲突的相关问题，内容全面、框架完整、逻辑清晰。相信本书出版后，会成为知识产权领域律师案头一本非常实用的工具书。

——广东知识产权保护协会副会长兼秘书长 陈胜杰

关于商标与商号的专业书并不多见，难能可贵的是，陈明武律师作为专注知识产权领域的律师，结合实务经验搜集大量的司法案例，深入剖析印证主要的冲突类型，并提供解决冲突的策略，相信本书能够给此领域业务的法律从业者带来有益的启发和操作参考。

——广东省律师协会副秘书长、广东天商律师事务所执行主任 邓捷

商标是企业的一项重要资产，也是一种重大投入。现在国内外竞争愈加激烈，各种新型"搭便车""蹭名牌"的手段和方式层出不穷，给各知名品牌都带来了不少困扰。陈明武律师在知识产权领域有着专业且丰富的实务经验，并能很好地结合企业、商业诉求寻求最适宜的处理方案，有效维护了品牌方的知识产权权利，有力打击了侵权行为，希望这些经验能分享给大家，共同推动良性市场竞争。

——健合（中国）有限公司法务总监 陈明芳

我强力推荐阅读陈明武律师有关商标与商号权利冲突的新书。首先，陈律师的新书针对商标法领域的一个疑点和难点问题进行剖解和分析，为法律工作者提供了明确的引领。其次，本书把复杂情况清晰地进行归类讨论，以便读者在日常生活或工作中更好地理解和运用。最后，陈律师对商标与商号权利冲突的分析更体现了其对商标法及相关法律法规的掌握及解读智慧。

——维布络集团大中华法务总监 钟廷禄

这是一部为律师和法务人员量身打造的实用指南。陈明武律师以扎实的法律基础为支撑，系统地剖析了商标与商号之间的权利冲突。书中精心选取的案例生动地展示了不同冲突类型的具体表现和解决方法，为读者提供了丰富的实践经验和策略。本书内容既包括理论分析，又有实践指导，极大地满足了法律从业者的需求。无论是初涉知识产权领域的新手，还是经验丰富的专业人士，都能从中受益匪浅。如果您希望在处理商标和商号权利冲突时有一个可靠的参考工具，这本书绝对是您的首选。

——立白科技集团法务总监 张俊鑫

作为品牌导向型的快消公司，经常会遇到市面上有些公司主体通过商号的不正当使用来攫取不法利益，而在目前的司法实践中，又缺乏非常明确的、对此两种权利产生冲突时的指导意见和解决方法。本书作者陈明武律师通过其多年的办案经验和学识积累，很好地提供其大而全的见解，使品牌公

司在遇到类似法律问题时能够对症下药，实为不可多得的法律工具书。

——卡姿兰集团法务部负责人 王林

《商标与商号的权利冲突：法律实务与案例应用》由陈明武精心撰写，是一本知识产权领域实用工具书。本书对商标与商号权利冲突的核心问题进行了深入剖析，使读者能够更直观地了解权利冲突的实际情况。无论您是知识产权从业者，还是企业法务人员，这本书都非常值得阅读，向业界朋友隆重推荐。

——广东省律师协会商标法律专业委员会主任 王广华

商标与商号的权利冲突是企业不可忽视的法律风险。本书深入解读相关法律法规，剖析了冲突的原因，针对法律实务，提供业务指导，案例丰富，可供知识产权专业律师业务参考。

——广州市律政营商环境研究院院长 陈克宇

祝贺陈明武新书面世！在本书中，陈明武以知识产权领域的热点、难点问题——商标与商号权利冲突为研究对象，从理论、实务、案例解析等方面进行了系统梳理，逻辑结构严谨、条理层次清晰，有很强的针对性、实用性，具有强烈的问题导向，是一本为商标及反不正当竞争相关从业者提供查阅、参考、借鉴的工具书！同时也为企业进行商标、商号保护提供了借鉴和指引！

——广东省法学会法律风险管理研究会理事 陈华平

陈明武律师是兼具裁判和代理人视角的优秀法律人，深耕知识产权领域，取得卓著成绩。《商标与商号的权利冲突：法律实务与案例应用》是陈明武律师智慧的结晶，其以自身的经验结合司法案例，对商标与商号权利冲突的法律难点、热点问题进行分析、解构并提炼出解决的诉讼方法和策略，具有高度的实务指引作用。

——广州市律兴律师业务发展研究院理事 王楚豪

陈明武律师是青年知识产权律师中的佼佼者，尤其在商标法专业领域有着丰富的实践经验。商标权与字号权的冲突问题是很多知识产权律师甚至法官较难准确把握的疑难复杂问题。陈律师在本书中以其丰富实践经验从法律实务、冲突类型不同情形及案例解析等多个角度对该相关冲突法律适用及解决提出了自己独到而实用的见解和方案，对此类问题的解决提供了很好的参考范例和理论研究成果，本书同时也给年轻律师研究、学习和解决知识产权疑难复杂法律问题提供了很好的方法借鉴。

——北京天驰君泰（广州）律师事务所管委会主任兼知产部负责人、广东省律师协会商标法律专业委员会副主任、广州市律师协会商标法律专业委员会副主任 卜小军

商标与商号的冲突是一类非常复杂、专业的法律问题，陈明武律师凭借着扎实的理论功底和丰富的实务经验，将此类复杂且专业的法律问题精炼总结，通过案例的形式呈现给大家，相信读者朋友们一定能够从本书中获得非常有益的经验和启示。

——全国管委会委员 武汉办公室主任、上海中联（武汉）律师事务所 万方

商标与商号的冲突是商事活动中最常见的纠纷，是学术和实务层面的重要难点。陈明武律师兼具司法审判和律师工作经验，同时持续专注学术研究。本书深入浅出，既有理论分析，又兼顾实务案例，能引发思考并提供解决方案。

——上海中联律师事务所合伙人 陈志超

商标与商号两种权利的冲突，伴随着中国经济的高速发展，大量涌现，并在互联网时代中愈加复杂。本书作者基于法律法规和案例实践双重因素考量，提供了科学、严谨的争议解决思路，值得推荐。

——北京市立方（广州）律师事务所主任 刘延喜

商标与商号的权利冲突，是知识产权司法实践中常见且重要的问题，对其的认识也经历了探索和发展的过程。作者是知识产权专业领域青年律师的卓越代表，就此聚焦一域，给出了深度解析。特别可贵的是，本书通篇以实务应用为主，不仅可用于日常学习，也能作为办案指引，可读性和实践性均十分突出。

——广东省律师协会商标法律专业委员会秘书长、广东翰锐律师事务所主任 邱斌斌

阅书，悦人，悦世界。很期待明武律师的新书上市，作者也是一名实力派的马拉松跑者，这也是其在"专业跑道"上对"马拉松精神"的最好诠释。新书全面系统地梳理了商标与商号权利冲突的类型，汇集和整理了大量的企业、科研机构、高等院校、律师事务所的研究成果、实践经验和典型案例，既有深入的理论探索研究，又有实用的实务操作技能，填补了国内知识产权实务工作者在这个领域研究和实务指南的空白。

——广东上茂律师事务所主任　周磊

　　陈律师深耕知识产权领域，办理了一批具有影响力的案例，其新作以具体案例形式对于商标和商号的冲突及解决提出了独到的见解，是办理此类案件的必备工具及指南！

——广东法圣律师事务主任　王虎

　　在知识产权纠纷案件中，权利冲突是常见问题，也是难点问题，尤其是商标、商号之间的权利冲突，特别令人困扰。本书则对商标、商号的权利冲突作了解析，并辅以多个司法案例，读完本书，对商标、商号的权利冲突问题将会有清晰的认知，特别推荐给法务、律师等法律实务人士阅读。

——广东格林律师事务所主任　杨河

　　作者作为一名优秀的知识产权律师，率领团队多年深耕知识产权领域，屡创佳绩之际仍在百忙中精心编著此书，令人钦佩。此书集合了作者对商标和商号权利冲突的法律研究，并将办案实践心得充分展示，体现了作者深厚的法律素养和扎实的法律功底，相信广大读者除了收获可借鉴的经验，也将在字里行间读到作者的勇气和法律智慧，从而获得启发。特此推荐这本具有维护知识产权、促进创新发展积极意义的好书。

——广州市律师协会公平贸易专业委员会副主任、广东固法律师事务所高级合伙人　王燕

　　在我国目前的发展阶段，商标与字号冲突的知识产权纠纷处理，往往没有足够的直接可用的规则可依、没有可直接遵照的先例可循，审案法官在"智慧"的引导下，在现有法律规定及司法解释的基础上，通过法律解释的方法"发现"所"缺少"的裁判规则，以此定分止争的同时，通过一个个判

决建立起引导后来者前行的"灯塔"或者"路标"。而正是这些通过法律解释的方法"发现"的裁判规则作为法律、司法解释不可或缺的补充，成为裁判依据的重要组成部分，与法律、司法解释共同"引导""规范"着我国商标与字号冲突的纠纷处理。

陈明武律师在多年实务经验的基础上，收集、梳理了近十年来的相关判决，进行类型化分析，提炼、总结相关裁判规则，升华为专著。本人坚信，本书不仅对经营者是一本难得的参考书，对法律工作者，特别是律师同行，也会有很大的借鉴乃至指导作用。

——广东知恒（广州）律师事务所高级合伙人、国家市场监督管理总局发展研究中心商业秘密实务研究特聘专家 章建勤

作者在出版了知识产权案件管辖类图书后，又梳理出版涉及商标品牌实务问题的图书，反映了作者对知识产权工作的热爱与坚持。相信本书会对相应领域的法律工作者有所启迪！

——广东翰锐律师事务所高级合伙人、广东省商标品牌指导示范站专家库入库专家 赵俊杰

随着经济的发展，很多商标已经闯出名堂，成为市场上较为知名的商标，很多企业也成为知名企业。但是由于商标和企业的字号、注册机构不一样，注册时间不一样，权利人也往往不一样，因而导致利益的冲突。作者明武兄是知识产权界的大咖，通过一系列案例，生动、详细地分析了两种权利冲突的情形，本书对于知识产权领域的仲裁案件如何进行裁决具有极高的指导作用。

——北京大成（广州）律师事务所律师、广州仲裁委员会仲裁员、深圳国际仲裁院江门中心仲裁员、广州市律师协会普通犯罪刑事法律专业委员会委员 叶建霄

商标与商号的冲突一直都是知识产权领域中争议最大的法律难题之一，特别是侵权与否的界限、赔偿金额的确定等内容都是理论和实务界争论的焦点。陈明武律师通过研究国内外相关理论，结合现行法律法规并根据自身的办案经历以及大量案例，以商标和商号的设立顺序，总结提炼出一系列相关的裁判原则和解决思路，内容丰富、结构严谨、章节明晰、拆解细腻，实用

性极强。与作者出版的其他图书一脉相承，完全可以作为知识产权领域律师和法务工作者的工具书和实用指南。

——广州市律师协会白云区律工委副主任，广东维永律师事务所党支部书记、合伙人 曾炜斌

在知识产权领域，理论与实务存在较大的差别，明武在这个领域拥有丰富的经验，本书的出版对实务工作者具有重要的参考意义。

——国智君联（南沙）联营律师事务所管委会主任 姜黎

商标和商号的权利争议冲突，一直是法律界难题之一，本书针对如此实务精细的问题作了翔实的分析论证，值得所有人仔细阅读。作者从事知识产权工作十几年，对该问题有深入的研究和实战案例，大力推荐。

——广东广信君达律师事务所高级合伙人 王伟浩

法律天然是滞后的，本书所关注的商标与商号的权利冲突是商标实务领域的难点、热点问题。明武律师在厘清商标与商号权利冲突法律关系、拆分权利冲突类型的基础上，辅以司法经典案例深入剖析，将其研究成果及实务经验无私分享、著成此书，相信此书能为知识产权领域实务工作者带来新的启发。

——国信信扬律师事务所合伙人 毋继光

专业图书总是晦涩、沉闷，对于普通读者来说有阅读门槛，明武的书却可以深入浅出，贴近现实，一本让普通读者有兴趣，能读懂的法律书是对其最恰如其分的评价。

——广东君信经纶君厚律师事务所合伙人 刘志才

商标与商号在功能、表现形式、产生依据等方面均有所不同，但两者在使用中均具有区分的作用。由于目前我国对于商号的法律规定尚不明确，商标与商号的冲突随着经济发展也越来越多，越来越复杂。本书通过将商标与商号的冲突进行分类，从而提供了全面有效的冲突解决方案。

——广东省律师协会民事法律专业委员会委员、广东瀛真律师事务所青工委主任 孙鹏真

陈明武律师在知识产权法律领域钻研很深，经办积累的案件丰富。该书编写的法律实务及案例极具广泛性和可参考性，值得企业乃至法律工作者借鉴。

——广东法圣律师事务所律师　谷阳群

明武律师常年深处知识产权争议的实务最前沿，经办了大量的知识产权类案件，积累了丰富的经验，通晓相关类型诉讼的难点、痛点。本书归纳了理论实务界目前为止商标商号类的典型案件，既有理论探究的深度，又有实务最新的动态的广度，可谓是集大成者。相信通过阅读本书，不但可以对商标商号类案件有一个清晰的认识和把握，便于更好地经办处理类似案件，还能透过文字更好地了解一个奋斗在知识产权案件一线的律师的办案之路。

——广东广信君达律师事务所合伙人　张伟

商标与商号的冲突，既是一个老问题，也有若干新形式。二者冲突的解决，从法律逻辑、权利先后、利益安排等方面的论述很多，但都没有一个彻底解决该问题的方法。明武律师沉浸知识产权领域多年，既有理论，又有实践。明武律师结合实践案例，通过总结冲突案例，能够有效地指导该类冲突的法律服务。本书值得学习，值得推荐。

——广东连越律师事务所高级合伙人　何宇

当下企业的竞争，品牌的较量占据越来越重要的位置，而律师则需要帮助企业客户保护好自身商号与商标。这本书能给为企业提供法律顾问服务的律师有用的参考。

——广东广悦律师事务所高级合伙人、第十届广州市律师协会企业法律顾问专业委员会副主任　张扬

本书针对商标与商号的权利冲突进行了详细的类型划分，并结合现有法律规定、司法案例作出全面的分析与论述，体现了作者丰富的实务经验和扎实的法学理论功底，对从事知识产权工作的律师，是一本实用性十分强的工具书，值得各位读者购买阅读。

——北京市隆安（广州）律师事务所合伙人　杨文峰

陈明武律师不仅在生活中勇于攀登各类险峰雪山，在学术上也致力于解决知识产权领域内的各类难点、热点问题。此次陈律师分析了"商标与商号的权利冲突"这一知识产权领域的难点，以现行法律法规为基础并结合近十年的相关案例进行分享，给我们提供了解决该权利冲突的诉讼方法或策略，非常值得深入学习，具有非常强的实务指引作用！

——北京德和衡（广州）律师事务所律师 董娟

《商标与商号的权利冲突：法律实务与案例应用》是一本不可多得的法律实务书，作者凭借多年来协助品牌企业在商标维权领域的丰富经验，将众多商标侵权案件的处理过程、策略及其法律依据汇编成书。这不仅是作者智慧与经验的结晶，也为行业提供了宝贵的参考与借鉴。无论是企业法务人员、律师，还是对商标法有兴趣的学者，都将从中获益匪浅。本人强烈推荐这本书，相信它将成为商标权利保护领域的经典之作。

——广东岭南律师事务所律师 毛宇灵